牧野富太郎・植物を友として生きる

鷹橋 忍

PHP文庫

○本表紙図柄＝ロゼッタ・ストーン（大英博物館蔵）
○本表紙デザイン＋紋章＝上田晃郷

牧野富太郎・植物を友として生きる

目次

序章

第一章　少年時代

第二章　東京へ

第三章　出会いと別れ

第四章　困窮《こんきゅう》

第六章 花と恋して九十年

終　章

序章

『らんまん』の主人公のモデル・牧野富太郎《まきのとみたろう》は何をした人？

「私は植物の精である」
「花在れバこそ吾れも在り」
「植物と心中する男」
「植物の愛人としてこの世に生まれてきたように感じます」
「飯よりも女よりも好きなものは植物」

――これらは、ＮＨＫの二〇二三年度前期連続テレビ小説『らんまん』の主人公・槙野万太郎《まきのまんたろう》のモデルとなった、世界的植物学者・牧野富太郎（一八六二～一九五七）の言葉である。

これらの言葉から伝わるように、富太郎はとにかく植物が好きであった。

父や母、祖父や祖母をはじめ、親族にも植物好きはいなかったが、富太郎は生まれながらに、理屈抜きで草木が好きだった。いや、「恋していた」と言ったほうがいいだろう。

草を褥《しとね》に木の根を枕　花と恋して五十年

という有名な歌の他にも、

赤黄紫さまざま咲いて　どれも可愛《かわい》い恋の主
年をとっても浮気は止まぬ　恋し草木のある限り
恋の草木を両手に持ちて　劣り優りのないながめ

など、草木への恋心をいくつも詠《よ》んでいる。

富太郎はあまりに草木が恋しすぎて、独学で植物の研究に励《はげ》んだ。そして小学校中退という学歴ながら、理学博士の学位も得て、数々の研究成果をあげ、「日本植物学の父」と称されたのだ。

そのめざましい功績により、七十四歳（満年齢）で「朝日文化賞」を贈られ、八十九歳で「第一回文化功労者」に選ばれている。没後には、従三位勲二等《じゅさんみくんにとう》に叙《じょ》され、旭日重光章《きょくじつじゅうこうしょう》と文化勲章が授与された。

また、彼の誕生日である四月二十四日は、「植物学の日」とされている。

輝かしい名誉にあずかった富太郎であるが、彼はいったい何を成し遂《と》げたのだろうか。

富太郎の功績は、大きく三つに分けられる。

一つ目は、「新種の植物の発見・命名、および標本収集」である。

交通機関が発達していなかった明治初期から戦後にかけて、沖縄県を除く全都道府県、および台湾と満洲《まんしゅう》（現在の中華人民共和国の東北部）をめぐって超人的な植物採集や調査を行なった。

それにより、彼は日本で最初の命名植物となった「ヤマトグサ」など、千五百を超える数の植物の新種等を発見し、命名している。

標本に至っては約四十万点にものぼるといわれるが、あまりに膨大《ぼうだい》なため、正確に数えた人はいないという。

二つ目は、「牧野式植物図」と呼ばれる、緻密《ちみつ》な植物図の画法を確立したことである。

観察した植物を記録する方法として、写真よりも特徴をつかみやすい図は、観察した植物を記録する方法として、当時から有効な手段だった。

富太郎もかなりの自信をもっているが、彼は比類《ひるい》なき描画の才能に恵まれていた。

植物をルーペなどで観察し、花や実、葉や根のつき方まで正確に緻密に描き、さらに顕微鏡を使って描かれたその解剖図までもが、美しさを兼ね備えている。彼の植物図は、芸術の域に達しており、世界でも評価が高い。

驚いたことに、彼はこの画法を独学で身につけたのだ。

この類《たぐ》い稀《まれ》な描画の才能は、他者の追随《ついずい》を許さなかった。水島南平《みずしまなんぺい》、川崎哲也《かわさきてつや》、太田洋愛《おおたようあい》など、多くの研究者や画家が、富太郎の植物図の影響を受けている。

道具にも凝《こ》り、鉛筆《ペンシル》、ペン、筆、蒔絵《まきえ》の絵付けに用いる蒔絵筆などを使い分けた。より細い線を描くために、ネズミの毛を数本束《たば》ねて、極細の筆を自作したほどだ。

三つ目は、植物知識の教育普及活動である。

富太郎は日本各地で植物採集会の指導や講演会を行ない、東京都、神奈川県、兵庫県などで植物同好会を立ち上げて、一般の人々に植物の魅力を広めた。

言語学者・国語学者の金田一春彦《きんだいちはるひこ》（一九一三〜二〇〇四）も、富太郎の植物採集会に参加した一人である。

金田一は富太郎を中心とする植物同好会の仲間に加わり、聖蹟桜ヶ丘《せいせきさくらがおか》（東京都多摩市《たま》）あたりの山林に出かけたことがあった。

そのころ、富太郎は七十代半ばであったが、同行した若者たちが草を折り取り、次々と彼にその名を尋ねると、「これはキツネノボタン」「そっちはオオバキツネノボタン」と立て板に水を流すがごとく、スラスラと答えていった。

そこで、いたずら心を起こした金田一は、紅く変色した蕗《ふき》の葉をちぎって、「これは何でしょう？」と差し出した。「もし、変な名前を答えたら、笑って差しあげよう」と思っていたところ、「フキだ」とずばり当てたという（金田一春彦『わが青春の記』）。

このように植物知識が深く幅広いだけでなく、彼の講演や指導は、ときには川《せん》柳《りゅう》や都々逸《どどいつ》まで飛び出すユーモアたっぷりなものでもあり、大変な人気を博《はく》した。

また、富太郎は多忙ななか、全国から寄せられる手紙や質問状にこまめに返事を書くなど、誠実に対応している。それは彼が、「学問に立場の上下は関係なく、ともに学んでいくもの」と考えていたからだ。彼からの返事をきっかけに、植物研究の道を歩んだ者もいた。

牧野式植物図を駆使《くし》した図鑑や、植物にまつわる話を綴《つづ》ったエッセイの出版も、一般の人々が植物に親しみ、楽しむきっかけとなっただろう。

特に七十八歳の年に刊行された『牧野日本植物図鑑』は、植物愛好家には必携《ひっけい》のものとなった。現在まで改訂を重ね、多くの図書館に蔵書されているので、目にしたことのある方も多いだろう。

以上が、富太郎の主立った功績である。

学者としての功績の次は、人間として、牧野富太郎をみていこう。

彼はどのような人物で、どのような人生を送ったのだろうか。

まずは、牧野富太郎の生涯を、簡単に振り返ってみたい。

九十四年九ヶ月の生涯

富太郎は、江戸時代末期の文久《ぶんきゅう》二年（一八六二）に、土佐《とさ》の高岡郡佐川村《たかおかぐんさかわむら》（現在の高知県高岡郡佐川町）にある、「岸屋《きしや》」という裕福な商家の長男として誕生した。三歳で父を、五歳で母を、六歳で祖父を亡くし、祖母の手で大切に育てられた。

先に述べたように、富太郎の最終学歴は「小学校中退」である。

だが、寺子屋《てらこや》や私塾などで、国学・漢学だけでなく、英語、物理学、生理学、植物学など、西洋近代科学の教育も受けている。

十八歳のころに出会った高知中学校の教員・永沼小一郎《ながぬまこいちろう》からは、科学としての植物学の教えを受け、彼の影響で植物学への意欲が芽生《めば》えた。

その後、二十二歳のときに上京し、学生でも職員でもないにもかかわらず、東京大学理学部の植物学教室に出入りを許され、大学の書籍や標本を利用して研究に励んだ。生活費や書籍代等は、実家からの仕送りに頼った。

しかし、高価な書籍をばんばん購入するなど、湯水のようにお金を使ったこともあり、裕福だった実家も傾いていった。

二十六歳のころには、小沢壽衛《おざわすえ》と所帯をもったといわれる。

三十一歳の年には、帝国大学理科大学の助手となり、植物学者としての道を歩きはじめた。

ところが、月給は十五円（現代に換算すると十五万円くらいといわれる。諸説あり）。子どももたくさん生まれ、実家の財産も使い果たしていた。

それにもかかわらず、経済観念が著《いちじる》しく乏《とぼ》しい富太郎は、研究や書籍のために、惜しまず金を使った。

そのため生活は困窮《こんきゅう》。牧野家は多額の借金を背負って、債権者に追われるような日々が続いた。

それでも、壽衛をはじめ、友人や後援者に支えられて研究を続け、植物採集や講濵に日本全国を飛び回り、九十四歳九ヶ月でその長い生涯を終えた。

——以上のことからも察せられるように、富太郎はけっして聖人君子ではなかった。

「学問に立場の上下は関係ない」と信じる富太郎は、上司である大学の教授たちと対立することもあったし、家族には大きな負担をかけた。特に、壽衛の苦労は、想像を絶するものであった。とても「内助の功《ないじょのこう》」という美談として、済ませられない。

富太郎の華々しい研究成果は、家族の犠牲のうえに成り立っているといっても、過言ではあるまい。

これからはじまる本編を読むと、周囲を気にせず、ただひたすら我が道を行く富太郎の姿に、ときには苛立《いらだ》ちを覚えるかもしれない。

特に壽衛の苦労を思うと、彼に嫌悪感を抱《いだ》く方がいてもおかしくはない。

だが、同時に、羨《うらや》ましくも思えるのではないだろうか。

誰に何を言われても、どれほど疎《うと》まれても恨《うら》まれても、ときには大事な家族に無理を強《し》いてでも——けっして自分を偽《いつわ》らず、寝食《しんしょく》を忘れて好きな植物に熱中する富太郎を、心のどこかで羨ましいと感じるのではないだろうか。

彼が指導する植物採集会に足を運び、ともに野山を駆《か》けめぐり、見知らぬ草花の名を尋ねたくなるのではないだろうか。

植物を友として生きた日本植物学の父・牧野富太郎。

彼の生涯と生き様を知ったなら、昨日まで気にもしなかった野に咲く花や、風に揺れる名も知らぬ草木が、なにやら愛《いと》しくなるに違いない。

そして、きっと富太郎のように、夢を追いかけたくなるだろう。

第一章 少年時代

富太郎《とみたろう》の誕生と時代背景　〇～六歳──文久《ぶんきゅう》二年～明治元年（一八六二～一八六八）

牧野《まきの》富太郎が誕生したのは、江戸時代も終わりに近づいた、文久二年四月二十四日（一八六二年五月二十二日）のことである（富太郎の父は「二十六日」と記している）。

九年前のペリー来航《らいこう》にはじまる幕末動乱の世であり、富太郎と同じく土佐《とさ》の偉人である坂本《さかもと》龍馬《りょうま》は、富太郎が生まれる約一ヶ月前に、土佐藩を脱藩している。この年には、薩摩《さつま》藩の尊攘《そんじょう》派志士が鎮圧《ちんあつ》された「寺田屋《てらだや》事件」、薩摩藩の行列がイギリス人を無礼討《ぶれいう》ちした「生麦《なまむぎ》事件」が勃発《ぼっぱつ》。明治維新《いしん》へ向かって、時代は大きく動いていた。

富太郎の生家は、土佐国高岡郡《たかおかぐん》佐川村《さかわむら》にある「岸屋《きしや》」という酒造業兼小間物屋《こまものや》（雑貨商）である。今のコンビニエンスストアに近いだろう。

後年、借金取りに追われるほど経済的に困窮《こんきゅう》する富太郎だが、生家は裕福だった。屋敷や大きな酒蔵を佐川の裏町から西谷口への見附《みつけ》に所有していたことから、「見附の岸屋」と呼ばれ（上村登『花と恋して──牧野富太郎伝』）、近隣でも名の知られた豪商であり、佐川の領主・深尾《ふかお》氏から苗字帯刀《みようじたいとう》も許されていた。「成太郎《せいたろう》」（幼名《ようみよう》は「誠太郎」とされてきたが、富太郎の没後に「成太郎」と判明）と名づけられた富太郎の父は佐平《さへい》、母は久壽《くす》という。祖父の小左衛門も、祖母の浪子《なみこ》も、健在であった。

富太郎は長男であり、岸屋の跡取りであった。将来、この跡取り息子が店を大きく傾けることになるとは、誰も思っていなかっただろう。

大切な跡取りである富太郎は、生まれてすぐに隣の越知村《おちむら》（現在の高知県高岡郡越知町）から雇《やと》われた乳母《うば》に、何ひとつ不自由なく育てられた。

しかし、肉親の縁には恵まれなかった。

三歳のときに父の佐平が、五歳のときに母の久壽が、当時、大流行していたコレラに罹《かか》り、病死してしまったのだ。両親ともに、まだ三十代の若さだった。

あまりにも早すぎる両親との別れである。富太郎は自叙伝のなかで、「父の顔も母の顔も記憶になく、親の味というものを知らない」と綴《つづ》っている。

さらに、明治元年（一八六八）、六歳のときには、祖父の小左衛門までもが、コレラに命を奪われた。富太郎に残されたのは、祖母の浪子ただ一人となった。

この年、富太郎は「成太郎」から「富太郎」に改名している。

佐川の地には幼名を改める風習があったのに加え、家族の死が相次いだ牧野家の不幸を断ち切るための改名であったと思われる。

江戸から明治へと日本の社会が一新された年に、富太郎の名もまた新しくなったのだ。

祖母・浪子

父母と祖父を喪《うしな》った富太郎を育て上げたのは、祖母の浪子であった。

浪子は高岡村（現在の高知県土佐市）の川田氏の娘だ。容姿に恵まれ、大変な賢夫人であったと伝えられる。和歌を好み、書も巧《たく》みであったという（上村登『花と恋して――牧野富太郎伝』）。

夫の小左衛門が没してからは、番頭の佐枝竹蔵とともに自《みずか》ら店を切り盛りし、家業を繁盛《はんじょう》させた。

この頼もしい祖母は、富太郎の自叙伝によれば、彼の祖父の後妻《ごさい》で、彼とは血のつながりはないという。それでも、浪子は富太郎を牧野家の跡取りとして、大切に育てた。

富太郎は、九十四歳九ヶ月の長寿を誇り、晩年になっても植物を求めて山野を駆《か》け回った驚異的な体力の持ち主だが、意外なことに幼少期は病弱であった。

顔色はいつも優《すぐ》れず、「西洋のハタットウ（バッタの方言）」とあだ名がつけられるほど痩《や》せこけていた。なお、「西洋の」がついたのは、富太郎は色白で、鼻が高く、風貌《ふうぼう》がどことなく西洋人めいていたからだ。

浪子は大事な孫のために、世間で「体を丈夫にする」といわれていることを、あれこれと試みた。疳《かん》の薬と称して、クサギの虫（クサギの木の幹の中にいるカミキリムシなどの幼虫）や赤ガエルを食べさせたり、酒蔵で働く大男二、三人に体を押さえつけさせて、灸《きゅう》を据《す》えたりもした。

灸は大変に痛かったようだが、後年、富太郎は「丈夫になったのは、あの灸のおかげではないか」と語っている。

しかし、富太郎の心身を強くしたのは、彼が終生愛し続けた植物であっただろう。

亡き両親をはじめ富太郎の家族には、草木に興味をもつ人はいなかった。だが、ただ一人、富太郎だけが、生まれながらに草木が好きであった。富太郎は五、六歳のころから家の裏の山へ行き、草木を相手に遊んでいたという。

後年、富太郎は自叙伝で、「早くから山野を歩いて草木を楽しんだのが、自然に運動になり、健康を手に入れた」と述べている。富太郎に生きがいと名声を与えた植物は、彼に健康までプレゼントしたといえよう。

自由に育てられた少年時代

富太郎が七、八歳のころ、番頭の佐枝竹蔵が、当時はなかなか手に入らない舶来《はくらい》の懐中時計《かいちゅうどけい》を買ってきたことがあった。それを見た富太郎は、時計が動くのを不思議に思い、その中が、どうなっているのか見たくてたまらなくなった。

富太郎は時計をバラバラに分解し、納得のいくまで中を調べたという。

貴重な時計を台無しにされた竹蔵は、それを浪子に訴えた。しかし、浪子は大して叱《しか》りもしなかった。聡明《そうめい》な浪子は、これがただの子どものいたずらではないと見抜き、富太郎の好奇心の芽を摘《つ》んではいけないと考えたのかもしれない。

このように、浪子は孫の富太郎を自由にのびのびと育てた。

富太郎自身も、「私ほど他から何の干渉も受けずに育ってきた人は、世間には少なかろう」と振り返っている。

寺子屋《てらこや》での富太郎　九〜十歳――明治四〜五年（一八七一〜一八七二）

明治四年または五年、富太郎は土居謙護《どいけんご》の教える寺子屋に入り、読み書きを習いはじめた。九歳か十歳のときのことである。

京都では明治二年（一八六九）に中学校小学校設立の方針が出され、同年五月に日本初の小学校（上京《かみぎょう》第二十七番組小学校）ができたが、明治五年の「学制」公布後も、ただちに全国の津々浦々《つつうらうら》で学校が設立されたわけではない。当時、佐川にはまだ小学校はなかった。

佐川は、学問が盛んな土地である。関ケ原《せきがはら》の戦いの翌年にあたる慶長《けいちょう》六年（一六〇一）、土佐藩主となった山内一豊《やまうちかずとよ》（一五四六〜一六〇五）とともに入国した筆頭家老《ひっとうかろう》の深尾重良《しげよし》（一五五七〜一六三二）が、この地を治め、城下町として発展した。

深尾氏は、代々教育を重視し、佐川は文教の町としての礎《いしずえ》が築かれてきたのだ。とはいえ、当時の佐川では、寺子屋や塾に通うのは、武家の子弟《してい》に限られており、町人の子は稀《まれ》であった。富太郎も、裕福で苗字帯刀を許されていた岸屋の跡取り息子であったからこそ、可能だったのだろう。

寺子屋に入ったことにより、富太郎の世界は一変する。

それまでは野山で好きな植物と一人戯《たわむ》れ、自由気ままに暮らしてきたが、寺子屋に通うようになると、他の子どもの存在に目を向けるようになり、競争意識も芽生えた。

読み書きも、ぐんぐんと上達した。

このころには、だんだんと体も丈夫になってきており、相撲《すもう》や駆けっこなど運動においても、他人に引けを取らなかった。

子どもたちのグループのなかでも注目される存在であり、いろいろな遊びもした。

特に好きだったのは、山遊びである。寺子屋の帰途にも、よく山に立ち寄った。

岸屋の裏からは、金峰《きんぷ》神社が建つ山へ登れる。この神社は「牛王様《ごおう》」と呼ばれる氏神様《うじがみ》であったという。早春の二月ごろには、富太郎が生涯愛したバイカオウレンが、可憐《かれん》な白い花を咲かせる。

そこは富太郎のお気に入りの遊び場だった。

この山で富太郎は、鎌《かま》を手に草木を刈ったり、キノコを採《と》ったり、冬になると、土地の方言で「コボテ」と呼ばれる、小鳥を捕《と》るための小枝を使った仕掛けをしたりした。ときには陣所《じんしょ》を作り、戦争ごっこのような遊びもした。

秋には熟したシイの実が落ち、山には実を拾う子どもたちが集《つど》った。富太郎もシイの実拾いを好んだが、ちょっとした事件に遭遇《そうぐう》している。

シイの実を拾っている最中に、数えきれないほどたくさんの蛆虫《うじむし》が、うごめいているのに出くわしたのだ。

あまりの気味悪さに、富太郎は逃げ帰っている。彼はもともと、毛虫や蛆虫などが大嫌いであったのだ。

よほど恐ろしかったらしく、富太郎は半世紀以上も後に、「地獄虫」というエッセイに「今でも思い出すと、ゾーっとする」と綴っている。

伊藤塾での富太郎　十一歳──明治六年(一八七三)

土居の寺子屋は、翌明治六年に廃止となった。そのため富太郎は伊藤《いとう》塾、あるいは、蘭林《らんりん》塾と称される塾へ通うようになった。

伊藤塾があったのは、佐川の町外《まちはず》れの目細《めぼそ》という場所だった。塾頭は伊藤徳裕《のりひろ》

（号《ごう》は蘭林）といい、近郷《きんごう》に名の知られた儒学者であり、教育者だった。佐川の人々は「伊藤の大先生」と呼んだ。

塾生の多くは十歳から十四、五歳の少年だった。いつも二十人ぐらいの塾生がいたが、そのほとんどが士族の子弟であった。まだ廃刀令《はいとうれい》も公布されておらず、士族の子たちは脇差《わきざし》を腰に差していた。

町人の子は、富太郎と、同じ名の山本富太郎の、二人の富太郎のみである。

明治も六年目に入っていたが、このころはまだ、町人と士族との間には線引きが存在した。

伊藤塾でも、士族の子は上組、町人の子は下組に分けられ、下組である富太郎と山本富太郎は下座に座らされた。

下組の者は、上組の者に礼儀を尽くさねばならず、たとえば、昼食の際には、上組の塾生たちが「下組の人、許してよ」と言い、富太郎ら下組の塾生は、「上組の御方、御免《ごめん》」と言ってから箸《はし》をつけた。

富太郎はその生涯において、権威や肩書きを欲しがるどころか、むしろ嫌っている。その背景には、このときに体験した身分制度というものへの不信感があると推測される（渋谷章『牧野富太郎　私は草木の精である』）。

下座に置かれていても、富太郎は学問では上座の塾生たちを凌駕《りょうが》していた。

塾頭の伊藤徳裕は博学で、塾では算数や習字に加え、四書五経《ししょごきょう》（儒教において、特に重要とされる九つの経典《きょうてん》の総称）の読み方まで教えていたが、漢学の大家《たいか》でもあった。

富太郎が、生涯にわたり愛用した号が生まれたのも、伊藤の教えからだったという。

伊藤が講義で読み上げた中国（前漢《ぜんかん》）の歴史書『漢書《かんじょ》』の董仲舒《とうちゅうじょ》伝のなかに、「古人曰《い》うあり、淵《ふち》に臨《のぞ》みて魚《うお》を羨《うらや》むは、退《しりぞ》いて網を結ぶに如《し》かず」という一句があった。

これは、岸辺に立って、ただ「魚が欲しい」と眺《なが》めているよりも、家に帰って魚を捕る網を結《ゆ》ったほうがいい。つまり、実行力の大切さを謳《うた》い、羨む暇があるなら具体的に努力すべきだという戒《いまし》めである。

この言葉は富太郎の胸を打った。彼はこの言葉から「結網《けつもう》」「結網子」「結網学人」などの号を作り、終生、好んで使い続けることになる。

名《めい》教《こう》館《かん》での富太郎　十一歳――明治六年（一八七三）

明治六年（明治五年説もあり）、富太郎は伊藤塾と並行して、佐川の領主・深尾氏の郷校だった名教館（明治四年の廃藩置県により、佐川の有志による義校・名教義塾となる）でも学ぶようになった。だが、尊敬する伊藤が名教館の教授も兼ねていたため、のちに名教館にだけ通うようになっている。

今までの国学や漢学中心の授業とは違い、名教館では、英語、数学、物理学、天文学、世界地理学、人身生理学、歴史学などを教えていた。当時の最先端の学問であったこれらの学科に富太郎は大変に興味をもち、貪欲《どんよく》に知識を吸収した。

富太郎が英語を学びはじめたのも、このころからと考えられる。

当時、佐川に英学を普及させるため、有志が高知から教師を招聘《しょうへい》した。英語を身につけ、洋書から新しい知識を得たいと考えた富太郎は、彼らに英語を習った。

英語教師は長尾長と矢野矢といい、富太郎は自叙伝で、「二人とも似たような珍しい名」と書いている。

富太郎は彼らに、ＡＢＣから教えられた。

道を歩きながら英語のフレーズを口ずさんだり、午前二時ごろまで、英語の発音を練習したりと、富太郎は熱心に学んだようである。

早くから英語を身につけたことにより、富太郎は原書を読むことができた。

後年、富太郎は数多くの新種等の植物の論文を発表しているが、そのほとんどは英文であった。

このように新しい学問・知識を積極的に吸収する富太郎は、流行や新しいもの、珍しいものにも敏感だった。

鉛筆《ペンシル》が輸入されると、名教館で誰よりも早く使っている。

佐川の裏町に住む真鍋という欧化主義者に勧められて髷《まげ》を切り落とし、散切り《ざんぎ》頭《あたま》にしたのも、友人たちの間で最も早かった。

明治六年は、のちに富太郎の妻となる小沢壽衛《おざわすえ》が誕生した年でもある。

壽衛は死産を含め十三人もの子を産み、経済的に困窮する富太郎を支え抜いた。

壽衛なくしては、日本植物学の父・牧野富太郎は生まれなかっただろう。

壽衛はまさに富太郎の「運命の女性」であるが、二人が出会うのは、もう少し先の話である。

佐川小学校での富太郎　十二〜十四歳——明治七〜九年（一八七四〜一八七六）

明治七年、佐川にもようやく小学校ができた。富太郎、十二歳の年である。富太郎が受けた正規の学校教育は、この小学校での約二年間がすべてとなる。この小学校は上等と下等に分かれ、それぞれが八級ずつ、合計十六級で編制されていた。試験に受かると進級し、四年で卒業というシステムで、臨時試験を受けて、早く上の級に進むこともできた。

富太郎も順調に進級していったが、明治九年ごろに、自主的に退学してしまう。名教館で高度な教育を受けた富太郎には、小学校での授業内容は、明らかに物足りなかったのだ。自叙伝では「家が酒屋であったから小学校に行って学問をし、それで身を立てることなどは一向に考えていなかった」とも述べている。

いずれにせよ、以後、正式に学校で学ぶことはなく、生涯「小学校中退」の学歴がついてまわることになるのだ。

富太郎は、小学校での生活に大いに不満を抱《いだ》いていたようだが、未来へつながる大きな収穫もあった。それは、文部省発行の掛図《かけず》「博物図」との出会いである。

掛図とは、学校での授業に用いられた、ポスターのような大判の絵図や表などのことだ。「博物図」は、明治六年（一八七三）に刊行された。

文部省は、『小学読本』という国語教育（読書・読方）の教科書を作製したが、国語以外の科目では、教科書の作製が間に合わなかった。そこで何種類か用意されたのが「掛図」である。教師は授業の際に、教室の黒板や壁面に掲げられた掛図の該《がい》当《とう》箇所を棒で示して説明した（俵浩三『牧野植物図鑑の謎』）。

博物図は、植物と動物についての基礎的知識がカラーで図解されており、植物五図、動物五図のあわせて十図から成っているが、佐川小学校にきたのは植物図の四枚だったようで、第一図が葉形や花や根、第二図に果実や瓜《うり》の類、第三図に穀類や豆類、第四図に野菜や海藻《かいそう》や菌類が描出されていたと、富太郎は述べている。

博物図に描かれている植物のなかには、富太郎の知らないものも多かったに違いない。

富太郎は晩年に、「小学校の生活では、博物図を見ることだけが楽しかった」と振り返っているが、彼はこの博物図に夢中になり、来る日も来る日も眺めた。植物学の基礎知識は、ここから学んだ。

この博物図はのちに、その制作者と富太郎との間を取り持つことになる。

博物図を制作したのは、小野職愨《おのもとよし》（一八三八～一八九〇）と田中芳男《たなかよしお》（一八三八～一九一六）である。

植物図を編著した小野職愨は、のちに富太郎が夢中になって読んだ『重訂本草《じゅうていほんぞう》綱目啓蒙《こうもくけいもう》』（次項参照）の元になる『本草綱目啓蒙』の著者・小野蘭山《らんざん》（一七二九～一八一〇）を曽祖父《そうそふ》にもつ植物学者である。明治維新後は、大学南校《なんこう》（東京大学の前身の一つ）で学び、文部省博物局に入った。田中芳男とともに近代植物学の普及に貢献《こうけん》した。

動物図を編著した田中芳男は、蘭学、医学、本草学（中国古来の植物を中心とする薬物学）を修めた博物学者、農務官僚である。慶応《けいおう》三年（一八六七）に開催されたパリ万国博覧会に、自ら採集した五十六箱もの昆虫《こんちゅう》標本を持参して、出品している。東京・上野《うえの》の博物館や動物園の設立に力を尽くし、日本の博物学の発展や殖《しょく》産興業《さんこうぎょう》に貢献した。

後年、植物学の研究を志《こころざ》した富太郎は、上京してこの二人を訪ねている。田中や小野に温かく迎えられ、励《はげ》まされるとともに、アドバイスをもらった。

また小野と田中は、日本の植物をスウェーデンの植物学者のカール・フォン・リンネ（一七〇七～一七七八）の分類法にしたがって二十四綱目に分けて図解した、飯沼慾斎《いいぬまよくさい》著の『草木図説《そうもくずせつ》』を改訂し、『新訂草木図説』として刊行しているが、のちに富太郎はそれをさらに加筆修正して、『増訂草木図説』としてリニューアル出版している。

博物図の制作者と交流し、その偉大な学者の著書を改訂する——博物図に眺め魅《み》入《い》った少年時代の富太郎は、そんな未来を知るよしもない。

『重訂本草綱目啓蒙』

小学校を中退した富太郎は、本を読み漁《あさ》ったり、野山を歩き回って草木を観察したりと、自由気ままに過ごした。

富太郎が植物研究のフィールドとしたのは横倉山《よこぐらやま》であった。佐川の隣の越知にある鬱蒼《うっそう》たる山だ。「植物の宝庫」といわれ、千三百種類もの植物が見られる。「コノドント」と呼ばれる、四億年以上も前の日本最古の化石が発見された山でもある。

「安徳《あんとく》天皇が隠れ住んだ」という平家伝説が残されているため、宮内庁《くないちょう》管轄《かんかつ》の同天皇の陵墓《りょうぼ》参考地もある。

この横倉山にたびたび登っては、富太郎は草木を手に取り、詳《くわ》しく観察した。

次から次へと珍しい花や草木が見つかったが、インターネットはもちろん、今のような植物図鑑すら存在しない時代である。富太郎は観察による知識はあるが、植物たちの名を知らなかった。そのため、『重訂本草綱目啓蒙』という本草学の本を繙《ひもと》くことになる。

このころ佐川の西谷というところには、西村尚貞《にしむらしょうてい》という六十歳過ぎの医者がおり、富太郎は彼の家によく遊びに行っていた。その西村医師が持っていたのが『本草綱目啓蒙』の写本である。

『本草綱目啓蒙』とは、江戸時代後期の本草書（薬物書）だ。本草学者で博物学者の小野蘭山の『本草綱目』についての講義を、孫の職孝《もとたか》がまとめたものである。『本草綱目』とは、中国の明《みん》の医師である李時珍《りじちん》（一五一八～一五九三）が編纂《へんさん》した本草書だ。全五十二巻、千八百九十二種の植物が記載・分類されている。

その『本草綱目啓蒙』の写本を、西村医師は全巻ではないが数冊持っていた。富太郎はそれを借りて、西村が感服するほど熱心に筆写したという。

しかし、あまりにも手間がかかるうえ、欠けている本もある。富太郎は、『本草綱目啓蒙』を全巻揃《そろ》えたくなった。

そこで富太郎は、祖母の浪子に購入を懇願《こんがん》した。浪子は可愛《かわい》い孫の願いを聞き入れ、洋物屋と書籍商を営む鳥羽屋に注文して、『重訂本草綱目啓蒙』を大阪から取り寄せてくれた。

『重訂本草綱目啓蒙』とは、井口楽三《いぐちらくざん》が『本草綱目啓蒙』を重訂したものである。全二十巻で、弘化《こうか》四年（一八四七）に泉州岸和田《せんしゆうきしわだ》藩から藩費で発行された。

この本が到着したとき、富太郎は山で遊んでいた。そこへ、富太郎の親友・堀見《ほりみ》克礼《かつひろ》が駆けつけ、「重訂啓蒙という本が届いたぞ」と知らせてくれた。『重訂本草綱目啓蒙』を入手した富太郎は、鬼の首でもとったように喜んだという。

以後、朝な夕なに本のページをめくっては、植物の名を覚えた。このとき富太郎は「自分も日本の植物をまとめた本を作りたい」という気持ちが芽生えたのではないだろうか。

富太郎は、採った植物を本と引き合わせ、本に載っている植物を実物と照らし合わせる、その繰り返しのなかで、植物の知識を積み重ねていった。

『重訂本草綱目啓蒙』の他にも、このころの富太郎が手元に置き、植物研究の友としていた本に、『救荒本草《きゆうこうほんぞう》』の和刻本《わこくぼん》がある。飢饉《ききん》に際して救荒食物（凶作や災害で、食糧不足になったときの代用食）に利用できる植物を記した、中国の明の周定王の命で編纂された本草書だ。

もう一つ、富太郎の植物研究に大きな影響を与えた書物に『植学啓原《しょくがくけいげん》』がある。『植学啓原』はヨーロッパの植物学を体系的に紹介した本で、三巻からなり、江戸時代後期の蘭学者・宇田川榕庵《うだがわようあん》によって書かれた。

この本は、植物を食べたり、薬にしたりするためのものとしてではなく、植物を生物として科学的に解説した本である。

この本を富太郎は、先述の親友・堀見克礼の父から借りた。堀見の父は医者であった。

『植学啓原』では、現在も使われる「細胞」や「繊維」といった言葉が用いられ、そこから、リンネの人為分類や、様々な植物学の術語を学んでいった。

このように、独学で植物の知識を深めていった富太郎に、大きな変化が訪れる。富太郎は教師となるのだ。

佐川小学校の臨時教員時代　十五～十七歳

——明治十～十二年（一八七七～一八七九）

明治十年、佐川小学校の校長が富太郎を訪ね、「教師になってほしい」と申し入れてきた。西郷隆盛《さいごうたかもり》を中心とする旧薩摩藩の士族らの反乱「西南戦争《せいなんせんそう》」が勃発した年である。

教員が足りないが、佐川で児童に教えられるような人材がいなかったからだ。「小学校中退の自分が教師に！」と、富太郎もはじめは面喰《めんく》らったようだ。だが、このころは、学校の教師となるのは名誉なこととされていたので、富太郎も承諾し、授業生という役名で臨時教員となった。月俸《げっぽう》は三円で、高等科を担当した。

当時、富太郎は十五歳。現代でいえば、中学三年生が小学生の授業を行なうようなものである。生徒のなかには富太郎より年齢が上だったり、体が大きい者もいたという。

だが、富太郎は、充分に教師が務まるだけの学力があり、良い教師であったようだ。

教員時代の富太郎は、昆虫にも興味を抱いた。凝《こ》り性である富太郎は、東京の丸善《まるぜん》から舶来の昆虫採集用具類を取り寄せ、採集を行なった。

音楽にも関心を寄せたが、このころの佐川小学校にはオルガンもなかった。オルガンを演奏できる教諭もいなかったため、富太郎はオルガンを弾ける師範学校の生徒などに習ったという（上村登『花と恋して――牧野富太郎伝』）。のちに富太郎はかなりの私財を投入して佐川小学校にオルガンを寄贈し、自ら演奏して聴かせたり、弾奏法《だんそう》を教えたりしている。

もちろん、植物の研究にも力を注《そそ》いだ。

富太郎は植物を採集したり、観察して記録したり、スケッチしたりして知見《ちけん》を深めていった。

誰しも研究の成果は発表したいものである。富太郎は同好の士たちと相談して、「何か発表誌を作ろう」という話になった。

しかし、なかなか進展しなかったため、富太郎は自分の論文のみで作ろうと考えていた。

そんなとき、投稿者が現われた。四つ年上の幼なじみの黒岩恒《くろいわひさし》（一八五八〜一九三〇）である。

黒岩は後年、高知県農学校（現在の高知県立高知農業高等学校）などで教鞭《きょうべん》を執《と》ったのちに、沖縄県の国頭《くにがみ》農学校（のちの沖縄県立農学校）校長などを務め、沖縄の農林業の改良に尽力することになる人物である。

沖縄の動植物の研究も行なった。彼は採集した珍しい植物を富太郎の元へ送り、それらは新種の植物として、数多く発表されている。「尖閣諸島《せんかく》」と命名したのも、黒岩である（佐川町立青山文庫『日本植物学の父・牧野富太郎』）。

富太郎はこの黒岩の投稿を加えて、『博物叢談《そうだん》』という雑誌を発行した。

富太郎が徹夜で筆写し、同好の士に配布しただけのものであるが、この雑誌には、彼が最初に発表した論文が掲載されている（上村登『花と恋して――牧野富太郎伝』）。明治十二年、富太郎、十七歳の年である。

これにより、学問への思いがいっそう強くなった富太郎は、もっと都会に出なければならないと考えるようになった。

同年、富太郎は二年勤めた小学校を退職し、学びの場を求めて、県都・高知へと向かった。のちに上京し、拠点を東京に移す富太郎であるが、十七歳の彼は、東京へ出ることなどまったく考えていなかったという。当時は、高知から東京へ行くことは、外国へ行くようなものだったのだ。

富太郎、高知へ　十七〜十八歳――明治十二〜十三年（一八七九〜一八八〇）

明治十二年、十七歳の年、富太郎は高知の大川筋《おおかわすじ》にある、弘田正郎《ひろたまさろう》の五松学舎という私塾に入った。塾名は、弘田が東京で三島中洲《みしまちゅうしゅう》の二松学舎《にしょうがくしゃ》に学んだことと、塾の敷地に五本の松が生《は》えていることに由来する。

佐川と高知は、毎日通学するには離れすぎているため、富太郎は高知に下宿した。

五松学舎は評判の良い私塾であったが、富太郎には合わなかったようだ。このころはまだ漢学が盛んであり、五松学舎での講義も漢学が主であった。富太郎が学びたい学科は、まったく講じられていなかったのだ。

富太郎は講義はあまり受けず、詩集を写したり、書物をばんばんと購入して、植物・地理・天文など、自分の興味がある分野の勉強ばかりしていた。

自叙伝によれば、塾長の弘田は「牧野という男が入塾したはずだが、さっぱり来んではないか」と言ったという。

祖母の浪子は、富太郎が高知へ出る際に、「豪商・岸屋の跡取り息子として恥ずかしくないように、上等の着物を仕立てなさい」と、学資金とは別に、当時は大金であった三十円を渡している。しかし、そんな祖母の心遣いも、すべて本代に消えた（上村登『花と恋して——牧野富太郎伝』）。

せっかく高知まで出てきたにもかかわらず、富太郎は独学を続けた。このころの書生は詩吟《しぎん》を嗜《たしな》んだが、富太郎も世の書生と同じように詩吟をやり、「なかなか威勢がよかった」と自叙伝で振り返っている。

五松学舎ではあまり学びを得られなかった富太郎だが、代わりに永沼小一郎《ながぬまこいちろう》という、「最初の植物学の師」とも言うべき人物と知己《ちき》を得ている。

この永沼との出会いが、富太郎が植物研究に一生を捧《ささ》げるきっかけとなったのである。

永沼小一郎との出会い　十七〜十八歳――明治十二〜十三年（一八七九〜一八八〇）

永沼小一郎は、丹後舞鶴《たんごまいづる》の出身である。神戸の兵庫県立病院附属医学校から、高知の学校に移った。富太郎と出会ったときは高知中学校の教諭であった。翌明治十三年から高知県立師範学校で教鞭を執り、のちに、高知県立病院の薬局長を勤めている。

永沼は、富太郎も舌を巻くほど博識であった。英語が堪能《たんのう》で、西洋の科学《サイエンス》、特に植物学に精通していた。化学や物理にも通じており、仏教にも詳しかったという。

イギリスの植物学者のロバート・ベントレー（一八二二〜一八九三）の植物の本

や、スコットランドの植物学者のジョン・ハットン・バルフォア（一八〇八～一八八四）が著《あらわ》した『クラス・ブック・オブ・ボタニイ』という本も訳しており、富太郎はそれを見せてもらっている。

富太郎は、この永沼と意気投合し、大変に親しくなった。早朝から深夜まで、学問の話にふけることも珍しくなかった。

永沼は富太郎に、サイエンスとしての植物学を授《さず》けた。

一方、富太郎は永沼に、野山で実際に植物を観察して身につけた知識を教えた。永沼は富太郎の観察で培《つちか》った知識の豊富さに尊敬の念を抱き、年若く無名な彼を、植物の研究者として扱った。

互いに切磋琢磨《せっさたくま》したこの経験は、その後の富太郎の植物研究に大きな影響を与えた。富太郎は永沼から極めて多くの知識を得た。永沼との交流により、富太郎は植物研究に一生を捧げたいと願うようになった。

永沼は富太郎の植物学の師であり、盟友であった。明治三十年（一八九七）に教職を辞して高知を去り、東京の小石川巣鴨《すがも》町に居を移したが、富太郎との交遊は続いた。

富太郎の高知での気ままな生活は、約半年で終わりを迎えることになる。高知でコレラが大流行したからだ。

このころコレラの予防には、石炭酸《せきたんさん》を鼻の下に塗り、その匂《にお》いを嗅《か》ぐのが効《き》くといわれており、富太郎も石炭酸をインク瓶《びん》に入れて持ち歩き、ヒリヒリと滲《し》みながらも、鼻になすりつけていた。

もちろん、そんなことではコレラは防げない。コレラは猛威を振るい続け、富太郎は逃げるように佐川に帰った。

帰郷した富太郎は、独学で植物学の勉強に熱中し、新たな知見を求めて、翌年には東京へと旅立っていく。

第二章 東京へ

東京行きを志す　十九歳——明治十四年（一八八一）

高知から佐川《さかわ》へ戻った富太郎《とみたろう》は、家業はそっちのけで、独学で植物の研究に打ち込んでいだ。

そのころの岸屋《きしや》は小間物屋《こまものや》（雑貨商）をやめ、酒造業だけを行なっていた。番頭も、子ども時代の富太郎に懐中時計《かいちゅう》を分解された佐枝竹蔵から、井上和之助に代わった。高知県香美郡《かみぐん》三島村《みしまむら》（現在の高知県南国市）久枝《ひさえだ》の近森辰造の息子で、優秀な番頭であった。

祖母の浪子《なみこ》もまだまだ健在であり、加えて、のちに富太郎の最初の妻となる従妹《いとこ》の猶《なお》が、岸屋の仕事や家事を手伝っていた。

よって、本来ならばそろそろ家業に打ち込まなければならない年齢であったが、富太郎は家業を少しも気にせず、好きな植物学のことだけを考えていられたのだ。

それまでも熱心に植物を研究していた富太郎だが、あくまで愛好家であった。だが、このころの富太郎はもう、趣味ではなく一生の仕事として、植物学を極めたいと願うようになっていた。

そのためには、外国の植物学の書物も含め、もっと文献を揃《そろ》えなければならないし、クオリティの高い顕微鏡《けんびきょう》も必要である。だが、当時の佐川では容易ではない。それらを買い揃えるために東京に行かねばなるまい。そんな思いが募《つの》っていた。そのころ、東京の上野《うえの》公園では、第二回となる内国勧業博覧会が開催されていた。

内国勧業博覧会とは、明治政府が殖産興業《しょくさんこうぎょう》の一環として催した内国物産の博覧会である。第一回は、初代内務卿《ないむきょう》・大久保利通《おおくぼとしみち》が推《お》し進め、明治十年（一八七七）、西南戦争《せいなんせんそう》の最中に、上野公園で開かれている。寛永寺旧本坊《かんえいじきゅうほんぼう》跡に建てられた美術本館を中心に、農業館、機械館、園芸館などが設けられ、日本全国の都道府県から工芸品、美術品、農産物など、八万四千点余りが出品された。

蒸気機関車や、発明家・紡績《ぼうせき》技術者の臥雲辰致《がうんたっち》の発明による、最新の大型綿紡機（ガラ紡機）などが展示され、人気を博《はく》した。

大変な盛況で、出品者は一万六千人余にものぼり、百二日間の開催で入場者は四十五万人を超えたという。

第二回は第一回の四倍の出品があり、たくさん人が押し寄せているという。その盛況ぶりは佐川でも話題となっていた。

新しいもの好きの富太郎が、これに興味を示さないはずはない。

富太郎は内国勧業博覧会の見学も兼ねて、「一度、東京へ行こう」と思い立った。明治十四年、十九歳の年のことである。

東京行きには、祖母の浪子も賛成してくれた。浪子は可愛《かわい》い孫のために、旅費はもちろん、書籍代などの研究材料を購入するための資金も、ふんだんに用意してくれた。

それだけではない。「岸屋の跡取り息子を、たった一人で東京へ行かせるわけにはいかない」と、浪子は以前に番頭を務めていた竹蔵の息子・熊吉と、名は伝わっていないが、「実直な男」を会計係として、富太郎に随行《ずいこう》させることにした。

これは、十九歳の若者の上京としては極めて恵まれており、「大名旅行」といっていいだろう。浪子がこんな贅沢《ぜいたく》な旅を許したのは、東京に行くことにより富太郎の気が済み、植物研究は趣味とし、家業に勤《いそ》しんでくれるようになるのではないか——そんな思惑《おもわく》もあったからかもしれない。

こうして同年四月半ば、富太郎ら一行は、まるで海外に旅立つような送別を受け、文明開化の中心地・東京を目指して出発した。

初めての上京　十九歳――明治十四年（一八八一）

このころ、四国にはまだ鉄道が走っていなかった。よって富太郎ら一行は、佐川から徒歩で高知まで行き、そこから蒸気船で神戸へ向かった。生まれて初めての船旅であったが、船酔いもしなかったようだ。

神戸から京都までは、四年前の明治十年（一八七七）に開通したばかりの、当時は「陸蒸気《おかじょうき》」と称されていた汽車に乗った。新橋《しんばし》から神戸までの東海道《とうかいどう》本線が全線開通するのは、八年後まで待たなければならない。

京都からは滋賀県の大津《おおつ》を通って三重県の四日市《よっかいち》まで、見慣れない植物を観察し、採集しながら歩いた。富太郎はどんなときでも、植物研究を忘れることはないのだ。

四日市からは、横浜行きの蒸気船の三等船室に乗った。このときの船は「和歌浦丸」といい、船の両側にある大きな水車が回る仕組みの外輪船であった。

横浜から新橋駅までは再び汽車に乗り、ようやく富太郎ら一行は夢にまで見た東京に着いたのであった。

新橋駅に着いた富太郎は、東京の街の豪勢さに目を見張った。だが、何よりも驚いたのは人の多さだったという。

カルチャーショックを受けつつも、富太郎は神田《かんだ》の猿楽町《さるがくちょう》（現在の東京都千代田区）に住む佐川出身の知人を訪ねて、下宿を世話してもらった。下宿の窓からは富士山が見えたそうだ。

富太郎はお供の二人を連れて内国勧業博覧会を見物し、神田や本郷《ほんごう》などの本屋を何軒もめぐり、本や雑誌を次から次へと買い集めた。

まだ国産の顕微鏡は作られていなかったため、輸入機械の店に立ち寄り、念願のドイツ製の顕微鏡も購入している。国産の顕微鏡の第一号ができたのは、二十六年後の明治四十年（一九〇七）である。

このとき買ったドイツ製の顕微鏡は富太郎の愛用品となり、今も東京都練馬《ねりま》区の牧野《まきの》記念庭園に展示されている。

だが、富太郎は買い物と物見遊山《ものみゆさん》のためだけに、東京へ来たわけではない。富太郎には、どうしても訪れたい場所があった。

その場所とは、内山下町《うちやましたちょう》（現在の東京都千代田《ちよだ》区内幸町《うちさいわいちょう》）にある博物局である。博物局には、富太郎が少年時代から憧《あこが》れ続けた二人の人物――田中芳男《たなかよしお》と小野職愨《おのもとよし》が勤めているのだ。

田中と小野は、富太郎が佐川小学校で魅入《みい》った「博物図」の制作者である。田中は博物局で天産部長を務めており、小野は田中の部下であった。富太郎は憧れの二人に会うために、博物局を訪れた。

博物局の田中芳男、小野職愨を訪ねる　十九歳

――明治十四年(一八八一)

博物局とは、明治四年(一八七一)に文部省に置かれた博物館事務を担う部局である。その中心的指導者だったのが、田中天産部長である。田中は第一回内国勧業博覧会の事務局長で、富太郎が上京した翌年の明治十五年(一八八二)年には、上野公園に新設された東京教育博物館(現在の国立科学博物館)の館長となっている。

富太郎は知人の紹介で博物局を訪れ、田中と小野に会うことができた。

田中は富太郎が遠い高知県から来たことと、彼が植物学を志《こころざ》して博物局を訪ねてきたことの両方に、驚いた。

「植物の研究をはじめたのはいつですか?」「先生にはついていましたか?」など、

田中は富太郎にいくつかの質問を投げかけた。

富太郎が「子どものころからただ植物が無性に好きで、師はおらず、高知の植物を実際に観察して学んだ」と答えると、田中は富太郎の研究方法を称《たた》えた。

富太郎が「土佐《とさ》の各地を歩いて調べた結果から、『土佐植物目録』を作っている」と話すと、田中は「それは素晴らしい。あなたのような研究家が、それぞれの地域の植物を調べあげていけば、いつか、日本全体の植物が明らかになります」と、富太郎の手を取って激励《げきれい》した。

これに富太郎は応《こた》えて、「必ず『土佐植物目録』を完成させます」と誓う。

富太郎のもう一人の憧れの人である小野には、博物局を案内してもらっている。博物局の職員の案内で、小石川《こいしかわ》植物園も見学した。

小石川植物園の現在の正式な名称は、「東京大学大学院理学系研究科附属植物園本園」という。日本で最も古い植物園で、貞享《じょうきょう》元年（一六八四）に徳川《とくがわ》幕府が作った小石川御薬園《おやくえん》が、遠い前身となる。

明治十年に東京大学が創設された直後に、その附属植物園となった。富太郎が訪れたのは、その四年後のことである。

富太郎は小石川植物園で、海外の珍しい植物や、見たことのない日本各地の貴重な植物を目《ま》の当りにすることができた。

高知にはない様々な植物が欲しくなった富太郎は、植木屋を紹介してもらい、気に入った苗木《なえぎ》を買い込んで、国許《くにもと》へ送った。

富太郎は毎日のように博物局に通い詰めたが、田中も小野も快く迎えた。

彼らは無名で年若い富太郎に対し、同じ志を抱《いだ》く研究仲間のように接した。植物の標本や文献について詳細なアドバイスを与え、「日本はもとより海外で出版されたものでも、重要な文献があれば、佐川へ帰ってからも知らせよう」とまで約束している。また、富太郎は神田末広町《すえひろちょう》（現在の東京都千代田区）にある小野の邸宅《ていたく》を幾度も訪ねては、植物の話を聴いた。

東京の植物研究は、富太郎が想像していたよりも、ずっと進んでいた。研究者たちは知識が豊富なうえに、親切で優しかった。

富太郎は非常に感激し、「東京へ来てよかった」と心の底から思った。富太郎の目には、東京の植物学の世界は楽園のように映ったことだろう。

やがて富太郎は植物学界の「影」の部分も知ることになるのだが、このときの彼の目にはまだ、目映《まばゆ》い光しか見えていない。

日光《にっこう》、伊吹山《いぶきやま》で植物採集し、帰郷　十九歳——明治十四年(一八八一)

田中芳男や小野職愨ら研究者と知遇《ちぐう》を得た富太郎は、「植物研究に一生を捧《ささ》げよう」との思いが、ますます強くなった。

東京大学理学部の植物学教室の標本に比べ、自分の標本が貧弱であることにも気付いた。「もっともっと広く各地を歩き、植物を採集し、標本を作って、研究を進めたい」と考えるようになったのである。

そこで、富太郎は東京滞在中の五月末に、植物採集と観光を兼ねて、栃木県の日光へと足を延ばした。千住大橋《せんじゆおおはし》から日光街道を徒歩または人力車で進み、中禅寺《ちゅうぜんじ》湖《こ》まで行った。

日光から戻ると、間もなく富太郎ら一行は佐川へ帰ることとなった。富太郎は帰郷の道中を、植物採集に徹することに決めていた。

新橋から横浜までは汽車を使ったものの、そこから先は歩いたり、人力車や馬車に乗ったりして、ゆっくりと東海道を西下《さいか》し、京都を目指した。

一週間ほどかけて岐阜県の関ケ原《せきがはら》まで来ると、富太郎は同行の熊吉らと別行動をとった。伊吹山で、植物採集をしたくなったのだ。

熊吉らと京都の三条《さんじょう》の宿で落ち合う約束を交わすと、ただ一人で伊吹山に向かった。

富太郎は伊吹山の麓《ふもと》で薬業を行なう人の家に宿泊し、山を案内してもらった。伊吹山には珍しい植物が数多く生息しており、熱心に採集した。泊まった家の庭先にあったアベマキの薪《たきぎ》まで、「珍しいから」と数本荷物に入れている。あまりにたくさん採集しすぎて、荷物の多さに困るほどであった。

このとき富太郎は、珍しいスミレを発見している。このスミレは明治十七年（一八八四）、東京大学理科大学の松村任三《まつむらじんぞう》（一八五六〜一九二八）により、外国産の「ヴィオラ・ミラビリス」だと判明した。和名がなかったため、「イブキスミレ」と命名されている。

富太郎は伊吹山を後にすると、滋賀県の長浜《ながはま》に出て、琵琶湖《びわこ》を汽船で大津へ渡り、京都の宿で熊吉らと合流した。そこからは往路と同じ道をたどって、二ヶ月ぶりに無事に佐川へ戻った。

実りの多い東京への旅であった。

佐川では手に入らない書物、ドイツ製の顕微鏡、日光や道中で採集した数えきれないほどの植物——そして何よりも、東京で最先端の植物学を目の当りにし、憧れの田中芳男や小野職愨ら植物学者と交流をもてた経験は、大きな収穫であった。

また、富太郎は、自分が知識を得ただけでは満足しない性格であった。

帰郷した富太郎は同年八月、「同盟会」という、同年代の青年たちが学ぶ場を立ち上げた。この同盟会はのちに、より学術的な「公正社」、「佐川学術会」へと発展していく。

九月には、「日本の植物を知るには、まず、『土佐植物目録』を完成させなければ！」と、誓いも新《あら》たに、佐川から西南部の幡多郡《はたぐん》一円を、一ヶ月の長期にわたり植物採集して回り、克明な記録に残した。

また、正確な日時は富太郎自身にも記憶にないようだが、このころ彼は「結網《けつもう》子《し》」の号《ごう》で、十五項目からなる心得を残している。有名な「赭鞭一撻《しゃべんいったつ》」である。

赭鞭一撻　十九〜二十歳——明治十四〜十五年（一八八一〜一八八二）

富太郎が十九歳から二十歳ごろに書いたとされる「赭鞭一撻」には、勉学の心得、あるいは抱負や誓い、戒《いまし》めといった内容が、和紙に毛筆で記されている。

「赭鞭」とは、古代中国の神話上の帝王・神農《しんのう》が持っていたという赤い鞭《むち》である。神農は農耕神と医薬神の性格をもち、薬効を確かめるために、植物を鞭で打っては口にしていたと伝わる。転じて、薬用になる植物や動物のことも指すようになった。

「一撻」は、鞭で打つことである。富太郎は心得や戒めを、神農の鞭で打つように、自分に叩《たた》き込むという意味を込めて、「赭鞭一撻」と名付けたのではないかとみられている。

また、江戸時代後期の越中富山《えっちゅうとやま》藩主で本草《ほんぞう》学者の前田利保《まえだとしやす》が作った動植物・鉱物検討会の名称「赭鞭会」が由来ともいわれる。

「赭鞭一撻」は富太郎を知るうえでとても重要な資料なので、高知県立牧野植物園の「赭鞭一撻ノート」の現代語訳を要約してご紹介しよう。

①忍耐を要す（我慢が必要）

何事においてもいえるが、植物の詳細は、ちょっと見ではわからない。行き詰まっても耐え忍び、研究を続けること。

②精密を要す（正確であることが必要）

観察、実践、比較、記載文作成にしても、不明な点やはっきりしない点を、そのままにしない。いい加減に済ませず、とことん精密を心がけること。

③草木の博覧を要す（**草木に関する豊かな知識が必要**）

草木を多く観察すること。少しで済ませると、知識が偏《かたよ》り、成果が不十分となる。

④書籍の博覧を要す（**たくさんの読書が必要**）

本は古今東西の学者の研究の結実であるから、可能な限り多く読み、研究に活《い》かすこと。

⑤植学に関係ある学科は皆学ぶを要す（**植物に関係のある学科は、すべて学ぶことが必要**）

植物について学ぶなら、物理学や化学、動物学、地理学、天文学、解剖学、農学、画学、数学、文章学など、他の関係分野の勉強もすること。

⑥洋書を講ずるを要す（**洋書を理解することが必要**）

植物学は、現時点では日本や中国よりも、西洋のほうが遥《はる》かに進んでいる（注：明治の初めごろの話）ので、洋書を読むこと。ただし、やがては我々東洋人の植物学が追い越すだろう。

⑦当《まさ》に画図を引くを学ぶべし（理にかなった図画技法を学ぶこと）
学問の成果を発表するにあたっては、植物の形状や生育環境などを描写するのに、最も適した画図の技法を学ぶこと。他人に描いてもらうのと、自分で描くのとでは雲泥《うんでい》の差がある。さらに練《ね》られた文章を加えてこそ、植物について細かくはっきりと伝えられる。

⑧宜《よろ》しく師を要すべし（状況に適した先生が必要）
書物だけでは、植物についての疑問は解消できない。誰か先生を見つけて、訊《き》くしかない。それも、一人の先生では駄目《だめ》である。先生と仰《あお》ぐに、年齢が上だとか下だとかは関係ない。年下の者に教えを乞《こ》うのを恥だと思うようでは、死ぬまで疑問を解けない。

⑨吝財者《りんざいしゃ》は植学者たるを得ず（植物学者はケチではいけない）
絶対に必要な書籍や、顕微鏡などの器具を買うにもお金が要《い》る。けちけちしていては植物学者になれない。

⑩跋渉《ばっしょう》の労を厭《いと》うなかれ（山野に足を運ぶ努力を厭うな）
植物を求めて山に登り、森林に分け入り、川を渡って、沼に入り、原野を歩き廻ってこそ、新種を発見したり、その土地にしかない植物に出会えたり、植物固有の

生態を知ったりすることができる。しんどいことを避けては駄目だ。

⑪植物園を有するを要す（植物園が必要）

自分の植物園を作ること。遠い地の珍しい植物や、鑑賞植物を植えて観察しなさい。いつかは役に立つ。

⑫博《ひろ》く交を同志に結ぶべし（多くの同好者と友達になりなさい）

年齢の上下に関係なく、植物愛好者の友人をもちなさい。お互いに知識を与え合えば、知識の偏りを防ぎ、広い知識が身につく。

⑬邇言《じげん》を察するを要す（一般の人が使う名前や呼び名から推測することも必要）

植物知識に、職業や男女、年齢は関係ない。植物の呼び名、薬としての効用など、彼らの言うことを記録すること。子どもや婦人や農夫らの、ちょっとした言葉を馬鹿《ばか》にしてはいけない。

⑭書を家とせずして友とすべし（本に書かれていると安心せずに、本を対等の立場の友と思いなさい）

本に書かれていることが、すべて正しいと思ってはいけない。書かれていることを鵜呑《うの》みにしてばかりいると、自分の学問を伸ばす可能性を失う。

書物（とその著者）は、批判もできるような対等の立場にある友人だと思うこと。

⑮造物主あるを信ずるなかれ（神を信じてはいけない）

神様は存在しないと思うこと。神様がいると思うと、未知なる自然の現象を、「神の力」で済ますことにつながる。それは、真理への道を塞《ふさ》ぐことだ。

富太郎は、この若き日にしたためた「赭鞭一撻」を、一生を通じて、徹底して貫《つらぬ》こうとした。

のちに家計が困窮《こんきゅう》しても、「吝財者は植学者たるを得ず」とばかりに、書籍や研究に惜しまず金をつぎ込み、巨額な借金を背負う日が来るとは、経済的に恵まれていたこのころの彼には想像もつかなかっただろう。

自由民権運動　二十歳――明治十五年（一八八二）

佐川に戻ってからも、研究や学びに余念がない富太郎であったが、意外な政治運動にも携《たずさ》わることになる。その政治運動とは、自由民権運動だった。富太郎は自由党に入り、政治運動を行なったのだ。明治十五年、二十歳の年のことである。

自由民権運動とは、明治前期（一八七〇～一八八〇年代）に起こった政治運動である。政府に対し、国会や憲法を作り、国民に参政権を与えるなどの民主的改革を要求した。

富太郎が入党した自由党とは、明治十四年（一八八一）に、自由民権運動の中心人物であった板垣退助《いたがきたいすけ》らが結党した、日本初の全国的自由主義政党である。

板垣退助が土佐藩（高知県）出身のこともあり、富太郎の青年時代の高知県は自由党の天下であった。佐川の町民もこぞって自由党員であり、盛んに自由民権論が談じられていた。

富太郎の友人たちも、明治十一年（一八七八）ころから自由党の結社「南山社」を立ち上げ、演説会や懇親会などの活動をしていた。もともとイギリスの社会学者のハーバート・スペンサー（一八二〇〜一九〇三）の著書など、政治的な思想書も愛読していた富太郎は、周囲の影響もあってか、自由党に入ったのだった。

凝《こ》り性の富太郎は、政治運動も徹底して行なった。

自由党はあちらこちらで演説会や懇親会を開催し、「人間は自由であり、平等の権利をもつべきだ。日本の政府も自由を尊重しなければならない。圧政を行なうなら、政府を打倒せねばならん」と、大いに気勢をあげた。

富太郎はこういった会にしばしば参加しては、ともに気炎《きえん》をあげ、時局を論じた。夜半に仲間が止めるのも聞かず、警察署に向かって、卑猥《ひわい》な歌を大声で歌い、留置場《りゅうちじょう》に入れられたこともあったという。

しかし、やがて富太郎は「私の使命は政治家ではない。植物学に専心し、国に報ずることだ」と悟《さと》る。

政治運動に明け暮れる時間があるなら、植物研究に使いたい。そこで富太郎は自由党を脱退することに決めた。

幸い、同志たちは富太郎の決心を理解し、脱退を許してくれたが、富太郎は静かに立ち去るようなことはしなかった。

まず、染物屋に依頼して、魑魅魍魎《ちみもうりょう》が火に焼かれて逃げていく絵の描かれた、大きな金巾《かなきん》（薄手の綿織物）の旗を作らせた。絵は、当時の政党間の争いを風刺したものである。

富太郎は十五、六人の友人たちと、隣の越知村《おちむら》で開かれた自由党の演説会に乗り込んだ。会がたけなわになると富太郎らは、こっそり持ち込んでいた大旗を広げた。そして、脱退を表明し、大声で歌い、演説会を引っかき回したのちに、その場を後にした。

こんなことをしでかした理由は、二度と誘われないように、あるいは政治運動に夢中になる友人たちの目を覚ますためともいわれる。

いずれにせよ、富太郎は自由党から完全に手を引き、以後、二度と政治運動に関《かか》わることはなかった。

また、この年の六月には、前年に発足させた同盟会を、より学術的にした「公正社」に発展させている。

二度目の上京　二十二歳——明治十七年（一八八四）

自由党を脱退した富太郎は、植物学の研究に戻り、東京で博物局の田中芳男や小野職愨に誓った『土佐植物目録』の完成を目指した。

自叙伝によれば明治十五年から十六年の二年間（一八八二〜一八八三）は、佐川で科学に関する演説会を行ない、近隣の野山で植物を採集し、採集物の標本を作り、植物図を描いて暮らした。

植物の研究だけでなく、化石の採集も行なった。佐川は化石の産地として全国的に有名で、富太郎は地質学にも関心があったからだ。だが、植物学ほどは没頭しなかったようだ。

このころの富太郎はお洒落《しやれ》で、今でいうイケメンであった。上質の着物に紫縮《むらさきちり》緬《めん》の帯を結び、新品の雪駄《せった》（草履《ぞうり》の裏に皮を貼《は》って防水機能を高めたもの）を履《は》いて、チャラチャラと音を立てながら歩き、女性たちの関心を集めていたという（上村登『花と恋して――牧野富太郎伝』）。

岸屋は、番頭の井上和之助がうまく店を切り盛りしてくれるおかげで、酒造業も順調であった。富太郎も、以前に比べれば岸屋の店に出ることも増えていた。

周囲の誰もが、富太郎が岸屋の主人となるものだと思っていたし、彼の植物学の研究は「金持ちの道楽《どうらく》」程度のものだろうと考えていた。

祖母の浪子も、富太郎に岸屋を継がせ、岸屋や家事を手伝ってくれている、富太郎の従妹の猶と結婚させるつもりでいたという。

しかし、富太郎はもう気付いていた。自分がやるべき仕事は岸屋の経営ではなく、植物の研究なのだと。一生を植物の研究に捧げることが自分に与えられた使命なのだと。

ずっと取り組んでいた『土佐植物目録』も、そのころにはほぼ完成した。次は日本中の植物を明らかにしたい。だが、それは佐川にいてはできない。東京に行かなければ――。

東京で植物の研究がしたい。そんな思いは日に日に強くなっていったが、さすがの富太郎も言い出せずにいた。

しかし、富太郎はやりたいと思ったことは、絶対にやらないと気が済まない性分である。幼いころからずっと願いを叶《かな》え続けてくれた優しい祖母に懇願《こんがん》した。

「東京に行かせてください。東京で植物の研究がしたいのです」

ようやく家業を継ぐ気になったと思っていた浪子は、ショックを受けたに違いない。それでも、今度も可愛い孫の願いを聞き入れた。店よりも、富太郎の夢を優先したのだ。

もっとも、このときはまだ、東京で暮らすのは一時的なもので、いつかは佐川に戻るのだと、浪子も思っていた。

こうして明治十七年七月、富太郎は東京の学校へ入る二人の友人とともに、旅立った。富太郎は二十二歳になっていた。

東京大学訪問　二十二歳——明治十七年（一八八四）

二度目の上京を果たした富太郎は、現在のＪＲ飯田橋《いいだばし》駅付近である飯田町《いいだまち》（現在の東京都千代田区）に下宿先を見つけた。

政府高官の山田顕義《やまだあきよし》の屋敷が近くにあり、下宿代は月四円であった。もちろん、下宿代を含む生活費や研究費などは、実家からの仕送りで賄《まかな》った。

富太郎の部屋は、採集した植物や新聞紙や泥《どろ》などがいつも散乱していた。そのため「狸《たぬき》の巣《す》」と称された。

富太郎と一緒に上京した二人は、学校へ入ったが、富太郎はどこの学校にも入らず、知人の紹介で、当時、神田一ツ橋《ひとつばし》にあった東京大学理学部の植物学教室を訪れている。

東京大学は、七年前の明治十年（一八七七）に、東京開成《かいせい》学校と東京医学校を合併し、日本で最初の大学として創設された。法学、理学、文学の三学部が白ペンキ塗りの本館にあり、植物学教室は明治十六年（一八八三）に別館へ移っていた。

当時、俗に「青長屋」と呼ばれていた植物学教室はまだ草創期《そうそうき》であり、人材も情報も充分ではなかった。そんなところに標本や写生図や観察記録などの資料を山のように抱《かか》えて上京した富太郎は、「土佐から、植物に大変に詳《くわ》しく熱心な、珍しい男が来た」と、植物学教室の皆から歓迎された。

子どものころからわけもなく植物が好きで研究をはじめたこと。『土佐植物目録』

の作成に取り組み、完成間近なこと。分類学を研究し、『土佐植物目録』の次は日本の植物誌を作りたいこと。土佐の植物のことなどを、富太郎は熱く語った。

当時の植物学教室の主な研究者は、主任教授の矢田部《やたべ》良吉《りょうきち》（一八五一〜一八九九）と、助教授の松村任三と、御用掛の大久保三郎《おおくぼさぶろう》（一八五七〜一九一四）であった。

矢田部教授は、富太郎を気に入ったらしく「教室の専門書や標本を自由に見てよい」と、植物学教室への出入りを許可した。学生でも職員でもない富太郎が、日本一の学問の場の資料や設備を自由に利用できるのだ。大変な厚遇《こうぐう》である。富太郎が狂喜したのは言うまでもあるまい。

伊豆《いず》の韮山《にらやま》で生まれた矢田部は、中浜万次郎《なかはままんじろう》（ジョン万次郎）や大鳥圭介《おおとりけいすけ》から英語を習い、明治三年（一八七〇）に渡米。二年後に官費留学生として、コーネル大学で植物学を専攻した。明治九年（一八七六）に帰国して、翌年の東京大学の創設と同時に東京大学の教授に就任している。

矢田部は植物分類学の研究を行ない、日本各地で植物を採集し、分類、標本化した。日本の近代植物学の基礎を築き、ローマ字の普及にも尽力した。

矢田部が英語を習った万次郎は、もともとは土佐の漁師であったという。富太郎を厚遇したのは、土佐から来た彼に親近感を抱いたのかもしれない（高知新聞社編

『MAKINO』)。

こうして、富太郎は植物学教室に入り浸《びた》るようになる。だが、このときの矢田部は、富太郎の植物学教室への出入りを許可したことを後悔する日がくることを、富太郎は、矢田部や助教授の松村と対立するようになることを、まだ知るよしもない。

池野《いけの》成一郎《せいいちろう》との友情　二十二歳──明治十七年(一八八四)

富太郎は毎日のように植物学教室に通い、熱心に学んだ。彼の植物に関する知識の深さは、植物学教室の人たちも一目置《いちもく》くものがあり、富太郎は次第に植物学教室の重要な存在となっていく。

「狸の巣」と称された富太郎の下宿には、植物学教室の松村任三や、動物学の石川《いしかわ》千代松《ちよまつ》(一八六〇〜一九三五)など、いろいろな人々が訪れた。

そのなかでも、一番に気が合い、親しかったのは池野成一郎(一八六六〜一九四三)だ。

池野は植物学教室の学生だった。のちにドイツ・フランスに留学し、帰国後は東京大学教授となり、ソテツの精子を発見した。英語、フランス語に堪能《たんのう》で、ローマ字の普及にも尽力している。

池野は富太郎の下宿に来ると、上衣を脱いでごろりと横になり、両足を高く床《とこ》柱《ばしら》にもたせかけたという。無遠慮な振る舞いに思えるが、こういうことが許されるほど、二人は親しかった。

富太郎と池野はともに植物の採集に出かけ、本郷の梅月という菓子屋で買った「ドウラン」と呼ばれる栗饅頭《くりまんじゆう》風の菓子を一緒に食べた。

富太郎も甘党であるが、池野も大変な菓子好きであった。十個や二十個は、造作《ぞうさ》もなく平《たい》らげた。

また、池野は食べるのが速かった。一緒に牛鍋《ぎゆうなべ》を囲んだとき、ちょっと油断すると、皆食べられてしまう危険があったという。

富太郎が書いた英文を添削《てんさく》したのも、のちに富太郎が苦しい立場に追い込まれるたびに、最も積極的に助けたのも池野である。

富太郎は、池野との友情を生涯大切にした。

このように東京での生活に基盤を置きつつも、富太郎は岸屋の跡取りであり、佐川の実家を捨てきれずにいた。よって、この後数年、東京と佐川をたびたび行き来することになる。

同年十一月、帰郷した富太郎は、「公正社」を学術研究だけを目的とする「佐川学術会」へと変えた。

また、教員時代にオルガンを習い、東京で多少なりとも西洋の音楽に触れた富太郎は、いまだ佐川には一台のオルガンもないことや、小学校の音楽教育の水準が低いことも気になった。富太郎は子どもたちだけでも西洋音楽に触れさせたいと願い、そのための活動もはじめた。

このころ富太郎は、祖母・浪子の強い望みによって、従妹の猶と結婚したとみられている。

結婚についての詳細はわからない。最初の妻について、富太郎自身は何も語っていないのだ。

富太郎が語るのは、二番目の妻となる壽衛《すえ》だけだった。

第三章 出会いと別れ

三度目の上京　二十四〜二十五歳——明治十九〜二十年（一八八六〜一八八七）

富太郎《とみたろう》の最初の妻とされる猶《なお》は、師範学校を卒業した、教養ある女性であった。岸屋《きしや》にもよく手伝いに来ていたので、店のことも熟知していただろう。岸屋の主人の妻として、申し分のない女性であったと思われる。

しかし、富太郎とは性格が合わなかったらしい。時期は定かではないが、二人は間もなく離婚したという（入籍はしていなかったとも）。

二度目の上京の翌年（明治十八年〈一八八五〉）、富太郎は幡多郡《はたぐん》に、二度目の植物採集の旅に出ている。

膝丈《ひざたけ》の着物に唐木綿《からもめん》の白い帯を締め、白い横緒《よこお》の下駄《げた》を履《は》き、肩から大きな採集用の胴乱《どうらん》（ブリキ製のカバン。富太郎の愛用品は、左に小さな蓋《ふた》があり、そこにおむすびを入れられた）を掛けた富太郎は、植物好きの友人たちとともに、郷里で植物の研究を続けていたが、同年七月、佐川《さかわ》学術会は解散した。

やはり上京への思いが強く、翌明治十九年、二十四歳の年に、再び東京へと向かった。三度目の上京である。

この年、東京大学理学部は、帝国大学理科大学となっていた。

富太郎の下宿は、今回も狸の巣《たぬき す》であった。

社交的な富太郎だが、このころの彼が大変に懇意《こんい》にしていたのが、染谷徳五郎《そめやとくごろう》と市川延次郎《いちかわのぶじろう》（のちに田中と改姓）だ。二人とも、帝国大学理科大学植物学教室の選科の学生である。

富太郎いわく、染谷徳五郎は「筆を持つのが好きな男」。市川延次郎に関しては、「器用でなかなかの通人」と称している。

市川の家は、千住大橋《せんじゆおおはし》にある酒屋だった。富太郎はたびたび市川の家を訪れては、好物のすき焼きを一緒につついたという。ちなみに、脂《あぶら》っこい料理が好きな富太郎は、すき焼きの他にもウナギや天ぷらなどを好んだ。野菜ならトマト、紅茶やコーヒーも好きで、とりわけコーヒーは、質の良いものを選んでいた。

あるとき、富太郎、市川、染谷の三人の間で、「植物の雑誌を刊行しよう」という話がもち上がり、実現に向けて動き出した。おそらく、富太郎が中心人物であったと思われる。

富太郎は狸の巣で、この雑誌に載せるための論文を書きまくった。執筆者も揃《そろ》い、原稿も集まり、刊行の交渉も終え、準備は順調に進んだ。富太郎らは念のため、植物学教室の主任教授である矢田部《やたべ》良吉《りようきち》にも「諒解《りようかい》を求めなければ」と思い、お伺いを立てている。

矢田部は、富太郎らの雑誌の刊行に賛成した。

それだけではない。矢田部は明治十五年（一八八二）に設立された「東京植物学会」（現在の日本植物学会）の初代会長を務めていたが、この会にはまだ機関誌がなかった。そのため、富太郎らの雑誌を「東京植物学会の機関誌としたい」と申し出たのだ。

こうして、富太郎らの雑誌を土台とし、矢田部の手を入れた『植物学雑誌』が、翌明治二十年二月十五日に、東京植物学会の機関誌として創刊された。

執筆者の一人である白井光太郎《しらいみつたろう》（一八六三～一九三二）は、この雑誌が続くかどうか、心配していたようだ。

だが、『植物学雑誌』は日本の植物学界を代表する雑誌となり、昭和七年（一九三二）には「東京植物学会」から「日本植物学会」と改称された学会の国際誌『The Botanical Magazine Tokyo』として刊行。そののち『Journal of Plant Research』に継承され、世界に知られている。

その栄《は》えある『植物学雑誌』創刊号の内容は、以下の論文・記事である。

本会略史　　　　　　　　　　　　大久保三郎
日本産ひるむしろ属　図入　　　　牧野《まきの》富太郎
苔蘚《たいせん》発生実験記　図入　　　　白井光太郎
白花ノみそがはそうト猫ノ関係　　沢田駒次郎
すっぽんたけノ生長　図入　　　　田中延次郎（市川延次郎より改姓）
まめづたらん　図入　　　　　　　大久保三郎
花ト蝶《ちょう》トノ関係　図入　　　　　染谷徳五郎
採植物於駒岳記　図入　　　　　　三好《みよし》　学《まなぶ》

ご覧の通り、論文の巻頭を飾っているのは、富太郎である。執筆陣は、当時の植物学の若手研究者、および学生であるが、そのなかで富太郎の論文は、ずば抜けた高評価を得たという。

このときの論文中に描かれたヒロハノエビモとササエビモの詳細な図版は、写生だけでなく製版と印刷まで、富太郎の手によるものである。

当時の印刷は、「石版印刷《せきばんいんさつ》」で行なわれていた。

石版印刷とは、水と油が相反発する性質を応用した石版術《リトグラフィー》だ。石灰石《せっかいせき》の一種である石版石を版とする。チェコのプラハ生まれのヨハン・アイロス・ゼネフェルダーが、一七九八年に発明した。

富太郎は帝国大学理科大学に入り浸《びた》りつつ、石版印刷所にも弟子入《でしい》りし、その石版印刷の技術を習得していたのだ。

植物学を志《こころざ》す富太郎が、なぜ石版印刷にまで、手を広げたのだろうか。

富太郎、石版印刷の修業をする　二十四～二十五歳

――明治十九～二十年（一八八六～一八八七）

富太郎は植物に関する知識を積み重ねるにつれ、「日本には植物誌（植物志）がない。なにがなんでも、『日本植物誌』を作らなければ！」という思いが強くなった。

植物誌とは簡単にいうと、「植物のデータベース」のようなものである。

一つの地域に生育する、ありとあらゆる植物の種類や生態などを調べあげる。そのなかで過去に記録がなかったものは記録し、未確認だったものは確認し、新種が

見つかれば新しい学名をつける。それらを分類学的にまとめ、記述したものが植物誌なのだ。ヨーロッパではすでに、ドイツの植物学者のアドルフ・エングラー（一八八四〜一九三〇）らが手がけていた。

植物誌があれば、対象となった地域に生育する植物の名前がわかるのはもちろんのこと、その地域にどんな植物がどのように分布していて、それは他の地域と何が違うのかなども知ることができる。

また、植物は他の生物や、地質、環境にも深く関《かか》わっているので、それらの研究の基礎的な学術資料ともなるのだ。

このように重要な『日本植物誌』であるが、制作には膨大《ぼうだい》な費用と時間と労力が必要なことは、たやすく想像できるだろう。地味なうえに、どれだけ時間がかかるかわからないこの仕事に、取り組もうとする植物学者もいないようだった。

富太郎は、「『日本植物誌』の刊行を実現できるのは、自分しかいない」と気付き、その制作に取りかかった。

しかし、課題は山積《さんせき》していた。

『日本植物誌』のような特殊な書籍が、ばんばんと売れるわけもない。出版してくれる出版社や書店はまずないだろう。

かといって、帝国大学理科大学が費用を負担してくれるとも思えない。大学への出入りが許されていても、富太郎は学生でも、所属の研究者でもないのだから。

ようするに、出版費用はすべて、富太郎が自費で賄《まかな》わなければならないのだった。

植物採集に明け暮れた富太郎は、すでにおびただしい数の標本を所有している。しかし、『日本植物誌』を作るには、出入りしている帝国大学理科大学の標本や資料を合わせても、まるで足りない。日本各地で植物を採集し、もっと資料を集めなければならなかった。そのための費用も膨大なものとなるだろう。

金銭に無頓着《むとんちゃく》で、実家からの仕送りを湯水の如《ごと》く研究費につぎ込んできた富太郎でも、さすがに不安を覚えた。

さらに、当時（明治十九年）の富太郎は、いずれ佐川に戻らねばならず、東京でずっと暮らすつもりはなかった。よって出版も、郷里で行なうつもりでいた。

だが、植物図や文章は佐川でも作れるが、それを印刷することに関しては問題があった。当時の佐川には性能のいい石版印刷機も、石版印刷の技術に長《た》けた職人も存在しなかったのだ。

ならば、自分が石版印刷の技術を身につければいい――。

そう考えた富太郎は、太田義二が経営する、神田錦町《かんだにしきちょう》（現在の東京都千代田《ちよだ》区）の印刷所で一年ほど、石版印刷に必要な知識と技術を学んだ。

この太田が、のちに富太郎と二番目の妻となる小沢壽衛《おざわすえ》との間を取りもつことになるのだが、もちろん、このときの富太郎は、そんなことは夢にも思っていなかっただろう。

富太郎は石版印刷の機械を一台購入し、佐川へ送っている。しかし、出版においては東京のほうが何もかも便利であることに気付き、郷里での出版計画を中止した。

様々な困難を乗り越えて、富太郎が夢見た植物誌は、明治二十一年（一八八八）十一月に、『日本植物志図篇』第一巻第一集として出版される。

富太郎が「苦心の結晶」と称したその本は素晴らしい出来映えで、富太郎の名は植物学界に一躍轟《とどろ》くことになるのだが――それはまた、のちに詳《くわ》しく述べよう。

祖母・浪子《なみこ》の死　二十五歳――明治二十年（一八八七）

『植物学雑誌』の創刊号が出た明治二十年は、悲しい別れも訪れている。

祖母の浪子が、五月六日に亡くなったのだ。富太郎、二十五歳の年のことである。

享年《きょうねん》七十七。戒名《かいみょう》は智海妙信浪女という。

浪子は常に富太郎の味方で、興味を抱《いだ》いたことは何でも好きなようにやらせた。本当は家業に専念してほしかったであろうに、それでも、富太郎の研究や上京のための資金もふんだんに与え、余計な干渉はしなかった。浪子が無理に家業を継がせていたら、富太郎が世界的な植物学者になることもなかっただろう。

しかし、富太郎にとって浪子は、理解ある優しい祖母であるのと同時に、彼を佐川につなぎ止めていた枷《かせ》でもあった。

浪子の死により、富太郎の枷は外《はず》れた。彼の心を佐川に引き留めるものは、もう何もなくなっていた。

祖母が亡くなっても、富太郎は岸屋の主人に収まることなく、植物の研究を続けている。同年七月にはロシアの植物学者カール・ヨハン・マキシモヴィッチ（一八二七〜一八九一）に手紙と標本を送り、九月十五日付で返信を貰《もら》った。

マキシモヴィッチは、東洋植物研究の権威として名高く、幕末に来日している。生まれはモスクワ近郊のツーラ。ドルパット大学で医学を修《おさ》めたのちに、植物学に転じ、一八五二年、サンクトペテルブルクのロシア帝立植物園の腊葉《さくよう》（植物を平に押し広げ、乾燥させた標本のこと。押し葉ともいう）係となった。

一八五三年に世界周遊帆船《はんせん》ディアナ号に乗船し、黒竜江《こくりゅうこう》や満洲《まんしゅう》（現在の中華人民共和国の東北部）の植物を調査している。万延《まんえん》元年（一八六〇）には箱館《はこだて》（現在の函館《はこだて》市）に来航し、この地方の植物を一年にわたって研究した。

富太郎が生まれる前年の文久《ぶんきゅう》元年（一八六一）には横浜を、文久二年（一八六二）には長崎付近を一年間、調査採集した。一八七一年にはロシア科学アカデミー会員となっている。

このマキシモヴィッチに、田中芳男《たなかよしお》、矢部田良吉、松村任三《まつむらじんぞう》ら日本の植物研究者は皆、採集した標本を送り、鑑定《かんてい》を受け、学名を決めてもらっていた。当時の日本は標本も文献も不足していたため、植物に学名をつけることができなかった。そこで、外国の学者に標本を送り、鑑定を依頼していたのだ。

翌明治二十一年（一八八八）、家業を番頭に任した富太郎は、四度目の上京を果たす。そして、いよいよ運命の女性・小沢壽衛と出会うことになる。

壽衛との出会い　二十六歳――明治二十一年（一八八八）

四度目の上京の際、富太郎が下宿としたのは、同郷の若藤宗則《わかふじむねのり》の家の二階であった。

浪子が亡くなってからも、実家からの仕送りはたっぷりあったのだろう。富太郎は、麴町三番町《こうじまちさんばんちょう》（現在の東京都千代田区）にあったこの下宿から本郷《ほんごう》の植物学教室まで、人力車で通っていたという。

この植物学教室への道中には、「小沢」という名の小さな菓子店があった。その菓子店の店先にときおり座っていたのが、富太郎の二番目の妻となる小沢壽衛であった。

富太郎は酒屋に生まれながらも、いっさいアルコール類は嗜《たしな》まない。煙草《たばこ》も吸わなかった。

その代わり、かなりの甘党であった。小沢菓子店にも自然に目が行き、壽衛を見《み》初《そ》めたのだ。富太郎二十六歳、壽衛十五歳の年のことである。

富太郎は毎日のように、人力車を止めて小沢菓子店に立ち寄った。富太郎の恋心は日増しに燃え上がっていったが、恋はなかなか進展しなかった。

なぜなら、富太郎が話しかけようとすると、壽衛は真っ赤になってうつむいてしまうからだ。富太郎いわく、当時の若い女性は、知らない男とは簡単に口をきかないものだったという。

富太郎は壽衛の名前すら、聞き出せなかったようで、印刷技術を習っていた石版印刷屋の主人・太田義二に「小沢菓子店の娘との仲を取りもってください」と助けを求めた。

太田は富太郎から相談を受けると、小沢菓子店に赴《おもむ》いた。そして、壽衛の母親に話を通し、見事に仲を取りもってくれた。壽衛も、毎日のように人力車で菓子を買いに来る富太郎に、興味と好意を寄せていたのかもしれない。

明治二十一年十月には、根岸《ねぎし》（現在の東京都台東《たいとう》区）の御院殿《ごいんでん》跡にあった村岡《むらおか》家の離れを借り、所帯《しょたい》を持ったようだが（渋谷章『牧野富太郎　私は草木の精である』）、

富太郎は自叙伝で明治二十三年（一八九〇）ごろと述べている。

いずれにせよ、壽衛は富太郎の二番目の妻となった。仲人《なこうど》は太田が務めている。

十月には第一子となる園子《そのこ》も誕生した。

この後、十三人もの子を産み、経済観念が著《いちじる》しく欠如《けつじょ》した夫を支えることにな

る壽衛であるが、富太郎と出会う前は、どのように暮らしていたのだろうか。

壽衛は明治六年（一八七三）に、小沢一政の次女として、東京で誕生している。母親は「あい」という名の、京都生まれの勝ち気な女性であったという。

父親の一政は、彦根《ひこね》藩主・井伊《いい》家の家臣だった。明治維新後は陸軍の営繕《えいぜん》部に勤めていたが、数年前に死去している。

父親の存命中、壽衛の一家は、飯田町《いいだまち》の広大な邸宅《ていたく》で暮らしていた。邸宅の表は飯田町六丁目通り、裏は皇居のお濠《ほり》の土手《どて》で、その間全部を占めていた。この邸宅の跡地は、明治十五年（一八八二）に全国の神職団体が設立した、皇典《こうてん》研究と神職養成「皇典講究所《こうきゆうじよ》」（現在の東京区政会館のあたり）となった。

邸宅の広さからも想像できるように、壽衛の家は、富太郎の実家と同様に裕福であった。父親が生きている間は、踊りや唄、お花やお茶などを習い、非常に華やかで恵まれた生活を送っていた。

ところが、父の死により生活は激変する。広大な邸宅も、その財産も失った。母・あいは生活のため、壽衛ら数人の子どもを連れて、多額の借金を抱《かか》えたまま菓子店を営みはじめた。壽衛はその菓子店を手伝っていたときに、富太郎に見初められたのである。

父親が亡くなってからは、一転して貧しい生活を送ってきたとされる壽衛だが、富太郎との結婚後に訪れる経済的な苦難は、その比ではなかっただろう。「来る年も来る年も左の手で貧乏と、右の手では学問と戦った」と称する富太郎だが、そんな彼を支えるという、「内助《ないじょ》の功《こう》」というひとことで片付けるにはあまりにも過酷《かこく》な、壽衛の献身の日々がはじまろうとしていた。

『日本植物志図篇』の刊行スタート　二十六歳——明治二十一年（一八八八）

富太郎が壽衛と所帯をもったとされる明治二十一年の十一月十二日には、『日本植物志図篇』第一巻第一集が刊行されている。

これは、その名の通り、富太郎の宿願《しゅくがん》である日本植物誌の図誌である。費用と時間がかかりすぎるため、富太郎は一挙に刊行することを諦《あきら》めた。彼は、文章より図のほうがわかりやすいと考え、まずは図誌から出版していくことに決めたのだ。

植物図はすべて、富太郎自身が描いた。呉服町《ごふくちょう》（現在の東京都中央区）の刷版社で印刷し、神保町《じんぼうちょう》にある敬業社《けいぎょうしゃ》から発行している。もちろん出版を引き受けてくれるところはなく、費用はすべて自費で賄われた。

日本初の西洋式の植物誌となる『日本植物志図篇』は、植物学界に絶賛の嵐を巻き起こした。植物の形態の特色をとらえ、隅々《すみずみ》まで精密に描いた富太郎の植物図に人々は驚愕《きょうがく》し、誰もが褒《ほ》め称《たた》えた。

当時、帝国大学理科大学の助教授だった松村任三は、『植物学雑誌』第二巻第二十二号の誌上において、「今日只今《ただいま》、日本帝国内に本邦《ほんぽう》植物図志を著《あらわ》すべき人は、牧野富太郎氏一人あるのみ」と激賞し、先述のロシアの植物学者・マキシモヴィッチからも、「図が正確で素晴らしい」と、賞賛と激励の手紙が届いている。博物局の田中芳男、小野職愨《おのもとよし》の両氏も祝福した。親友の池野成一郎《いけのせいいちろう》も自分のことのように喜んだ。

植物学教室の主任教授である矢田部良吉も、少なくとも、表面上は祝福の言葉を贈ったという。だが、のちの富太郎との関係を考えると、矢田部の心の底には、複雑な感情が芽生《めば》えはじめていたかもしれない。

新種ヤマトグサの発見　二十七歳——明治二十二年（一八八九）

明治二十一年（一八八八）十一月に第一巻第一集が刊行された『日本植物志図篇』

は、翌月に第一巻第二集が、翌明治二十二年一月に第一巻第三集が刊行された。

同月、富太郎は大久保三郎とともに、新種の発見と学名の発表という快挙を成し遂《と》げている。富太郎、二十七歳の年のことである。

富太郎は、明治十七年（一八八四）に高知で発見した植物を大久保三郎と研究した結果、それが新種だと確信した。二人は『植物学雑誌』第三巻第二十三号において、日本で初めて新種に、「Theligonum japonicum Okubo et Makino」（テリゴヌムヤポニクム　オークボ　エト　マキノ）の学名をつけて発表したのだ（和名ヤマトグサ）。これは、国内で日本人によって初めて学名がつけられた、植物学史に残る出来事である。

ヤマトグサの命名を皮切りに、富太郎は生涯で、新種等を含め、約千五百種類もの植物を発見および命名していく。富太郎が「日本の植物分類学の父」と呼ばれるゆえんである。また、ヤマトグサの新種命名は、日本の植物界に「日本の植物を、日本人が命名していこう」という機運を呼び起こした。

『日本植物志図篇』の制作も順調で、明治二十二年三月に第一巻第四集が刊行されている。

前述の通り、このころの富太郎は、東京と佐川の往復生活を送っていた。

帰郷の際に「郷里に科学を広めねば！」と強く感じていた富太郎は、同年六月に、佐川で今度は「佐川理学会」を立ち上げた。このころはまだ金銭に余裕があり、自費で購入した理科実験用具や参考書などを提供し、会員たちの指導に努めている。

気鋭の植物学者として、その実力をぞんぶんに発揮し、周囲にも知らしめた富太郎であるが、翌明治二十三年（一八九〇）、富太郎にとっては、まさに青天《せいてん》の霹靂《へきれき》ともいうべき事件に見舞われる。

同年五月十一日、富太郎は東京府下の小岩村《こいわむら》（現在の東京都江戸川区《えどがわ》）で、緑色の奇妙な姿をした水草を発見した。発見直後に彼が「ムジナモ」と新和名をつけたその植物の、精密な図を作ろうとしていたときに、悲しい事件は起きた。

富太郎は、植物学教室への出入りを禁止されたのである。

植物学教室からの追放　二十八歳――明治二十三年（一八九〇）

富太郎に植物学教室への出入りを禁じたのは、主任教授の矢田部良吉であった。

富太郎が二年前に刊行を開始した『日本植物志図篇』は、明治二十三年の一月に第一巻第五集、三月に第一巻第六集が順調に続刊されていたが、出入り禁止となったのは、その『日本植物志図篇』が原因であった。

矢田部は「植物学教室でも、『日本植物志図篇』と同じような本を出版することが決まったから、今後は大学の書物や標本を見せるわけにはいかない」と一方的に宣言したのだ。

二度目の上京を果たした際、植物学教室を訪ねた富太郎を温かく迎え、教室への出入りや資料・標本を見ることを許してくれたのは矢田部である。自宅に招かれ、ご馳走《ちそう》になったこともあった。

富太郎はこの仕打ちが、信じられなかった。彼は矢田部の麹町富士見町《ふじみちょう》（現在の東京都千代田区）の邸宅を訪ねて訴えた。

「今の日本に、植物の研究者は極めて少ない。一人でも排除し、研究を封じるのは、学界の損失であり、植物学の進歩を妨げることになる。また、先輩には後輩を引き立てる義務があるはずだ」

言葉を尽くして撤回を求めたが、矢田部は聞き入れなかった。

こう書くと、一方的に矢田部が悪いようにみえるが、富太郎にも配慮が足りない部分があった。

富太郎は出版にあたり、大学の資料を使用しているにもかかわらず、矢田部の許可を得ておらず、『日本植物志図篇』に大学や教授への謝辞をひとことも載せていなかった（上村登『花と恋して――牧野富太郎伝』）。そんなところも、矢田部の気に障《さわ》ったのかもしれない。

この植物学教室追放事件に関しては、富太郎に同情的な意見が多かった。親友の池野成一郎は、自分のことのように怒りをあらわにしたという。

しかし、もともと学生でも職員でもない富太郎が、日本一の学問の場である植物学教室に出入りできたのは、ひとえに矢田部の好意によるものである。

その矢田部に拒絶された以上、為《な》す術《すべ》がない。富太郎は悔《くや》し涙を流しに流した。

だが、ここで諦める富太郎ではない。彼は起死回生《きしかいせい》の一手を思いつく。ロシア行きである。

ロシア行きを計画　二十八～二十九歳
――明治二十三～二十四年（一八九〇～一八九一）

前述した通り、富太郎を含む日本の植物学者たちは、ロシアの植物学者・マキシモヴィッチに標本を送り、鑑定を受けていた。

富太郎が送る標本は珍しいものが多く、マキシモヴィッチも喜んでいた。彼は自分の著書を献本する際に、植物学教室に一部、富太郎に一部送っている。『日本植物志図篇』にも絶賛の手紙を寄せている。

このマキシモヴィッチを頼り、富太郎はロシアへ行こうと企《くわだ》てたのだ。

このころには、富太郎の標本も、よりいっそう充実していた。これを携《たずさ》えてロシアへ渡り、マキシモヴィッチの研究の手助けをしようと、彼は考えた。

だが、一つ難点があった。ロシア行きを仲介してくれる人がいないのだ。

ここでも富太郎は、持ち前の行動力を発揮する。日本におけるロシア正教布教の拠点、駿河台《するがだい》（現在の東京都千代田区）に建つニコライ堂を訪ね、主教に事情を打ち明けて、頼み込んだのだ。

富太郎の熱意に打たれたのか、主教は快諾し、すぐにマキシモヴィッチへ手紙を書いた。

このときのマキシモヴィッチ宛ての手紙が残っている。

高知県立牧野植物園図録『牧野富太郎とマキシモヴィッチ』から抜粋、要約すると、以下の通りだ。

牧野氏は大変に感じが良く、見たところとても親切で、しかも有能な青年です。両親はいないが妻はいます。子どもはまだおらず、土佐《とさ》の出身です。牧野氏を植物の研究のために、あなた（マキシモヴィッチ）のもとに行かせて頂けませんか。彼はペテルブルクまでの旅費は持っていますが、そこで暮らすための費用は持ち合わせていません。ロシアで彼が衣食を得るために、あなたから植物採集と植物園での仕事を世話して頂けないでしょうか。

池野成一郎はロシア行きに大反対していたが、富太郎が一日千秋《いちじつせんしゅう》の思いで返事を待っているうちに、明治二十三年は終わった。

翌明治二十四年、富太郎の夢と希望は、ロシアからの一通の手紙によって、もろくも崩《くず》れ去ることになる。

その手紙を書いたのはマキシモヴィッチ本人でなく、彼の令嬢《れいじょう》であった。手紙によると、ニコライ堂の主教から富太郎のロシア行きを依頼する手紙が届いたとき、マキシモヴィッチは流行性感冒《かんぼう》（インフルエンザ）に感染し、病《やまい》の床《とこ》についていた。

彼は、富太郎の不遇な立場に深い同情を寄せ、ロシアに来ることを非常に喜んだ。しかし、同年二月十六日、帰らぬ人となってしまったという。

富太郎のロシア行きの計画は、叶《かな》わぬ夢となったのだ。

もし、このときマキシモヴィッチが病没せず、富太郎がロシアに渡っていたら、彼の人生はもとより、日本の植物学界の将来も大きく変わっていただろう。

深い悲しみと絶望に陥《おちい》った富太郎を励《はげ》まし、新しい道を切り開いてくれたのは、池野成一郎と、帝国大学理科大学植物学科の学生で、のちに東京帝国大学の教授となる藤井健次郎《ふじいけんじろう》（一八六六〜一九五二）であった。

二人の尽力によって、富太郎は駒場《こまば》の帝国大学農科大学（のちの東京大学農学部）の一隅《いちぐう》に、研究の場を得た。

これによって、富太郎は失意から立ち直った。矢田部に対抗するべく、中断していた『日本植物志図篇』を、第七集からは再び毎月出版し、第十一集まで刊行した。

まだ日本では新種に学名をつける植物学者は少なかったが、第七集からは卒先して学名をつけ、欧文で解説を加えた。

前述のムジナモの写生図も、この帝国大学農科大学にいるときに描かれている。

このように逆境に負けず、精力的な研究活動を行なった富太郎であるが、新《あら》たな苦難が襲いかかってきた。

実家の岸屋の商売が傾きはじめ、仕送りも途絶えがちになったのだ。

コラム1　富太郎の好きな食べ物

「好きな食べ物は何ですか？」

富太郎はこう訊《き》かれると、いつも一瞬の迷いもなく、「牛肉」と答えた。

牛肉は幼いころから好物で、特に牛肉のすき焼きがお気に入りだった。

食べ方としては、まず、上質な醬油《しょうゆ》と砂糖を使用した美味な汁を用意する。その汁を鍋《なべ》に入れ、煮え立ってきたら、箸《はし》に挟《はさ》んだ肉を、汁の中で上へ下へと動かす。そして、色が変わるのを見計らって、食べるのが一番美味《おい》しいという（牧野富太郎『我が思ひ出』）。

また、富太郎の曽孫《ひまご》・牧野一淳《かずおき》は、「こんなに火を通さなくても大丈夫かな」と心配になるような、レアなステーキを食していた曽祖父《そうそふ》の姿を、記憶している（高知新聞社編『ＭＡＫＩＮＯ』）。

富太郎の三女・鶴代《つるよ》は、「父がここまで長生きしたのは、牛肉を食べていたからではないか」と推測している。

反対に、「長生きしたければ、あまり牛肉を食べないほうがいい」と富太郎に助言したのが、薬学博士第一号の下山順一郎《しもやまじゅんいちろう》（一八五三〜一九一二）である。

下山は帝国大学医科大学教授となり、私立薬学校の創設に関わるなど、日本の薬学界の発展に貢献《こうけん》した人物である。

富太郎のあまりの牛肉好きを見かねた下山は、「あまり牛肉を食べずに、野菜をたくさん食べろ」と諭《さと》した。

だが、富太郎は「下山の諭言《ゆげん》に背《そむ》き、牛肉を食べ続けた」（牧野富太郎『我が思ひ出』）と、少し得意げに綴《つづ》っている。

同じ肉でも、鶏肉はそれほど好きではなかったようだ。

魚類は生臭《なまぐさ》いため苦手だったが、年齢を重ねるうちに食べるようになったという。

野菜ならトマトが一押しである。まだ日本人の間に広まっていないころから、たくさん食し、晩年まで、毎食毎食、口にしていた。すき焼きを食べ終わった後に、よく西洋酢《ビネガー》をかけて食べていたという。

コーヒーと紅茶も好んだ。どんなに貧しいときでも、コーヒーを豆のまま買い、自分でひいて、飲むのを楽しみにしていた。

抹茶《まっちゃ》は、あまり好まなかったようだ。

最後に、富太郎のお気に入りのお菓子を一つ、ご紹介しよう。百合羊羹《ゆりようかん》である。

七十年余の歴史があり、その名の通り、百合根を使用している。

富太郎は帰郷すると、高知市升形《ますがた》の親戚の家をよく訪ねた。百合羊羹は、近隣の店で販売しており、よく土産《みやげ》として購入したそうだ。

富太郎は「土佐の高知ほど、菓子の種類が少ないところはない」とハガキにしためているが、「百合羊羹は、他では見ない良い菓子だ」と称賛《しょうさん》している（武井近三郎『牧野富太郎博士からの手紙』）。

花の球根を使ったお菓子について書き残しているとは、いかにも富太郎らしい。

現在でも販売されているので、一度、食べてみたいものである。

第四章 困《こん》窮《きゆう》

家財整理　二十九歳――明治二十四年（一八九一）

「鷹揚《おうよう》な坊チャン育ち」と自《みずか》ら称する富太郎《とみたろう》は、金銭に無頓着《むとんちゃく》のうえ、お金の使い方が無計画であった。欲しいと思ったものには、まったくお金を惜しまない。

特に、本にはお金をつぎ込んだ。その蔵書は植物学のみならず、医学や民俗学など多岐にわたったが、二冊、三冊と同じ本を買っていることも珍しくなかった。しかも、ダブっているのは、高価な本が多かった。

幾度か述べたように、富太郎は東京での生活費をはじめ、書籍代や研究費も、本の出版の費用も、植物採集のための旅費も、石版印刷機の代金も、すべて実家からの仕送りに頼っていたと思われる。金使いの荒い富太郎のことだから、ただでさえ仕送りは相当な額にのぼっていたはずだ。

加えて、植物学教室の文献を見られなくなったことにより、書籍代はいやがうえにも増しただろう。『日本植物志図篇』も毎月刊行するようになったため、出版の費用もさらに嵩《かさ》んだ。

これらの費用を、富太郎は今まで通り、実家から送らせていた。岸屋《きしや》を、打ち出の小槌《こづち》のように思っていたのかもしれない。

だが、岸屋の財産もさすがに底をつく日が訪れた。

明治二十四年十月、『日本植物志図篇』第一巻第十一集が刊行されたが、このころ、滞《とどこお》っている仕送りを催促《さいそく》した富太郎に、岸屋から、思いも寄らぬ手紙が届いた。

「早く仕送りしてほしいとのことですが、家にはもうお金がありません。私たちの一存ではどうにもできないので、一度帰郷して、財産の整理をしてください」

家業にはまったく関心のない富太郎であるが、こうなっては向き合うしかない。

富太郎は、壽衛《すえ》と長女の園子《そのこ》を残して、一度、佐川《さかわ》へ帰ることに決め、同年の暮れに帰郷した。このときはまだ、家業を立て直し、今までと同じように東京で生活できると楽観視していたのかもしれない。

ところが、岸屋の経営状況は、富太郎の予想を遥《はる》かに超える悲惨《ひさん》なものであり、再生は不可能に思えた。

富太郎は今後、岸屋に頼らず自分だけの力で植物の研究に専念しようと決心し、今まで店を任せていた番頭の井上和之助に岸屋を譲《ゆず》った。

その後、家財整理のため、明治二十六年（一八九三）まで、富太郎は郷里で過ごすことになる。

矢田部教授の非職　二十九歳——明治二十四年（一八九一）

富太郎の自叙伝では『帰郷中』とあるが、明治二十四年には、東京である事件が起きている。矢田部が、帝国大学理科大学を非職となったのだ。

非職の原因は、帝国大学理科大学の学長・菊池大麓《きくちだいろく》（一八五五〜一九一七）との権力争いであったと言われていたようだ。矢田部の官僚的で激烈な性格が災《わざわ》いし、人間関係がうまく築けなかったからとも言われる。

非職の原因は他にも、「なかなかの西洋かぶれ」のため鹿鳴館《ろくめいかん》でダンスに耽《ふけ》っていたこと、『国の基《もとい》』という雑誌に書いた内容が物議を醸《かも》したことなど、いろいろと囁《ささや》かれていたようである。

矢田部は帝国大学理科大学を去ってから、高等師範学校（のちの東京教育大学、現在の筑波《つくば》大学の前身）の校長に就任したが、明治三十二年（一八九九）の夏に、鎌倉の海で水泳中に溺死《できし》してしまった。高等師範学校へ移ってからは、少なくとも公《おおやけ》には、植物学研究に関《かか》わることはなかったという。

植物学教室への出入りを禁じた人物とはいえ、富太郎はその死を悼《いた》み、学問上の競争相手を喪《うしな》ったことを遺憾《いかん》に思った。

高知西洋音楽会を主催　三十歳——明治二十五年（一八九二）

実家の財産も失い、十分な収入のあてもない状況にありながら、富太郎はなおも植物採集に飛び回った。さらに、高知における西洋音楽の普及にまで乗り出すのだ。

家財整理のかたわら、郷里の植物採集に熱中していた富太郎は、ある日、知り合いの新聞記者から、「高知女子師範学校の西洋音楽の授業を見に行こう」と誘われた。

当時の高知では、西洋音楽はまだ普及していなかった。そんななか西洋音楽の教師が、高知女子師範学校に赴任《ふにん》してきたので、授業を参観しようというのだ。

富太郎は、この新聞記者の誘いに乗った。明治二十五年の春、新聞記者と二人で高知女子師範学校を訪れている。

そこで音楽を教授していたのは、門奈九里という名の女性教師であった。

富太郎は彼女の授業を見て、「これはいかん」と思った。拍子の取り方が間違っているし、オルガン演奏の技術も未熟だった。

「教師が間違った音楽を教えれば、土佐に間違った西洋音楽が広まってしまう」と、富太郎は危機感を覚えた。

そこで、高知女子師範学校の校長である村岡尚功に、「師範学校の音楽教員を、代えたほうがいい」と進言する。しかし、村岡校長はまったく耳を貸さなかった。

ここで引き下がらないのが、良くも悪くも富太郎の性分である。

「よし。ならば、正しい西洋音楽とはどういうものかを、身をもって示そう」と、富太郎は男女二十〜三十人の音楽愛好家からなる「高知西洋音楽会」を設立した。

練習は、高知市本町《ほんまち》にある弁護士の満森徳治の家で行なった。満森の家には、当時は珍しかったピアノが一台あったからだ。オルガンを持ち込む会員もいたという。

この高知西洋音楽会のリーダーは、富太郎であった。

彼らは唱歌《しようか》の練習からはじめ、軍歌、小学唱歌、中等唱歌集など、片っ端から歌いに歌い、気勢をあげた。

また高野寺《こうやじ》というお寺を借り、高知で初となる音楽会も開催している。会場にピアノを設置し、富太郎はタクトを振って、壇上に並ぶ会員たちを指揮した。音楽会は大盛況であった。

そのころ富太郎は、高知の一流旅館である「延命軒」に滞在している。そのときの宿泊料だけでも、現在の約百万円に相当する八十円（上村登『花と恋して――牧野富太郎伝』）に上った。どこに、そんなお金があったのだろうか。

富太郎はこの宿泊代に関し、「八十円の金があれば、後に大分の研究費になったことであろうと考えると、なかなか無益な金と時間をつぶしたものである」と振返っており（前掲書）、珍しく散財を後悔していたようだ。

その後、音楽をやめる富太郎だが、「土佐に西洋音楽を普及させた功労者」と自負している。

帝国大学理科大学助手　芸が身を助ける不仕合わせ　三十一歳

――明治二十六年（一八九三）

そのころ、高知にいる富太郎のもとに吉報が舞い込んだ。

帝国大学理科大学の松村任三《まつむらじんぞう》教授から「大学の助手として採用したい」との手紙

が届いたのだ。

富太郎いわく、これは先に述べた帝国大学理科大学の学長の菊池大麓の推挙によるものだという。菊池は富太郎の実力を認めていたうえに、彼に同情的であった。助手という身分ではあるが、それでも正式な帝国大学理科大学の職員となれるのだ。何よりも、大学の書籍や標本に再び触れられるのがありがたい。富太郎は大変に喜んだという。

しかし、このときはまだ、岸屋の家財整理が終わっていなかった。

富太郎は郷里のことが片付きしだい東京へ戻ろうと思い、「数ヶ月中に上京するので、よろしくお願いします」と返事をした。

ところが、富太郎は急遽《きゅうきょ》、上京することになる。翌明治二十六年（一八九三）一月、東京に残してきた長女の園子が、風邪《かぜ》が悪化し、急死したのだ。満四歳での早世《そうせい》であった。

長女・園子の死の知らせを受けて、富太郎は東京に戻った。

初めての子である園子を大変に可愛《かわい》がっていたというから、その死のショックは計り知れないほど大きかっただろう。

だが、悲しんでばかりもいられない。実家からの援助がなくなり、自力で稼《かせ》がなければならないのだ。

幸い、帝国大学理科大学は、富太郎のポストを空《あ》けているとのことであった。だが、すぐに助手として、採用されたわけではなかったようである。

富太郎は長女の葬式を終えると、二月以降に、帝国大学理科大学から三十円の手当で、植物整理および、植物採集の委嘱《いしょく》を受けている。

同年七月の臨時雇《やと》いを経て、九月にはついに助手を拝命する。明治二十六年八月から帝国大学理科大学で講座制（講座は原則として専任教授が担当し、助教授、助手を置く）が採用されたからだ。富太郎が助手になれたのは、この講座制のおかげだという（渋谷章『牧野富太郎　私は草木の精である』）。

こうして、富太郎は大学を出ずに日本の最高学府の大学助手となったのだ。三十一歳のことである。

だが、助手となったことで、お金の心配をせずに、研究に専念できるようになったわけではない。むしろ彼と彼の家族の経済的困窮は、このときからはじまる。富太郎自身も「芸が身を助ける不仕合わせ」と称している。

富太郎の月給は十五円であった。

高知新聞社編『ＭＡＫＩＮＯ』によれば、米の価格を基準に計算すると、一円はほぼ一万円に相当するという。つまり、富太郎の月給は、現在でいうと約十五万円であったことになる。

富太郎より五歳年下で、東京帝国大学文科大学（卒業時）を卒業している夏目漱石《なつめそうせき》（一八六七〜一九一六）は、明治三十六年（一九〇三）に同大学の講師になっているが、そのときの年俸《ねんぽう》は八百円、月俸に換算すると約六十七円であったという。

なお十年前（一八八三年）、二十八歳で助教授になった松村の年俸は六百円だった。つまり、月に五十円貰《もら》っていた計算になる（長久保片雲『世界的植物学者　松村任三の生涯』）。

富太郎とはずいぶんと待遇が違う。松村や漱石と違って学歴のない彼を、大学もそれほど厚遇《こうぐう》はしなかったのだ。

富太郎が東京帝国大学理科大学の講師になるのは、十九年後の明治四十五年（一九一二）まで待たねばならなかった。

なにはともあれ、富太郎は助手として植物学教室の松村任三教授の下で勤務し、本格的な研究を再開するのだが――この後は松村と激しく対立することになる。

松村任三教授との確執《かくしつ》　三十一歳――明治二十六年（一八九三）

富太郎と松村任三の対立関係を語る前に、松村任三の説明が必要だろう。これまでも何度か登場しているが、松村は現在の東京大学理学部植物学教室の基礎を築いた植物学者だ。

安政《あんせい》三年（一八五六）、常陸国《ひたちのくに》下手綱村（現在の茨城県高萩《たかはぎ》市）の松岡《まつおか》藩士松村鉄次郎（のちの儀夫）の長男として生まれた。富太郎より六歳年上である。

はじめは、大学南校《なんこう》で、法律を学んでいた。

明治十年（一八七七）、二十一歳の年に、植物学に係る経歴のないまま東京大学附属小石川《こいしかわ》植物園に就職し、帝国大学理科大学の矢田部良吉《りょうきち》教授の助手となり、植物学の研究者としての道を歩むようになった。

そして、矢田部とともに日本各地を旅して植物採集をし、数多くの標本を作製した。明治十六年（一八八三）には、東京大学助教授に就任している。

明治十八年（一八八五）に自費でドイツに留学、植物分類学と生理学を学んだ。

帰国後は、帝国大学理科大学教授に就任、明治二十四年（一八九一）には理学博士の学位を得た。

非職となった矢田部の後任として植物学教室二代目主任教授となり、のちの明治三十年（一八九七）には、東京帝国大学附属小石川植物園の初代園長を務めることになる。

富太郎はこの輝かしい経歴をもつ松村と、はじめから憎み合っていたわけではない。

明治十七年（一八八四）に二度目の上京を果たした富太郎が植物学教室を訪ねた際、当時助教授であった松村は、教授であった矢田部とともに、温かく迎えている。

また、富太郎は初めての上京の帰り道、伊吹山《いぶきやま》で珍しいスミレを発見しているが、和名がなかったこのスミレに、「イブキスミレ」と命名してくれたのも、松村である。

何よりも松村は、明治二十一年（一八八八）から出版をスタートした『日本植物志図篇』の刊行に対し、「日本帝国内に本邦《ほんぽう》植物図志を著《あらわ》すべき人は、牧野《まきの》富太郎氏一人あるのみ」と激賞の言葉を寄せた人物であった。

では、なぜ、二人は対立したのだろうか。

富太郎はエッセイで、松村から敵意をもたれるようになった理由の一つとして、松村夫人から勧められた縁談を断ったことを挙げている。

富太郎の妻・壽衛は、結婚直後に一時的に実家に帰っていた。そのとき富太郎は松村夫人から、縁者の娘と結婚するように頼まれた。これは松村夫人が、富太郎を身内にして、松村の手助けをさせようと考えていたからだと、富太郎はエッセイで語っている。

しかし、この縁談を富太郎は退けた。夫人は大変に気分を害し、松村が富太郎を嫌うように仕向けたという。

富太郎の自叙伝には、松村が富太郎に「嫉妬《しっと》」していたともある。

富太郎は助手となった明治二十六年に、京都府、愛知県、岐阜県、滋賀県、高知県、翌明治二十七年（一八九四）に京都府、愛知県、滋賀県、静岡県と、大学の命を受け、各地で植物採集している。それらの研究成果は優《すぐ》れた論文となって、彼が立ち上げた『植物学雑誌』に、次から次へと発表された。

富太郎の自叙伝によれば、これが、松村の気に障《さわ》ったようだ。

富太郎は松村から、「君はあの雑誌に盛んに論文を出しているようだが、もう少し自重《じちょう》したらどうだ」と釘《くぎ》を刺されたという。

富太郎も松村も、どちらも専門は分類学である。同じ分野を研究する富太郎が、誰憚《はばか》ることなく研究の成果を続々と世に送り出していくのが面白くない——すなわち、嫉妬していた、と富太郎はいうのだ。

確かに、このころの富太郎の植物学教室での活躍ぶりはめざましく、松村が脅威《きょうい》を感じたとしても不思議ではない。

しかし、松村が富太郎を憎むようになったのは、他にも理由があったと考えられている。

富太郎は、松村に釘を刺されても研究の成果を発表し続けた。

「松村教授の下で働いているとはいえ、師弟関係があるわけではない。気兼ねする必要も、学問の進歩を抑える理由もない」というのが、富太郎の理屈であった。

しかし、これは富太郎の大きな考え違いである。富太郎は松村の助手として採用されたのであり、助手にとって、教室の教授は指導者であるのだから。

また学問的意見に相違があれば、富太郎は教授である松村に対しても、けっして自分の主張を曲げなかった。松村の植物名を訂正したこともあったという。

自叙伝や残された手紙によると、富太郎は自分の意見を主張する際に、歯に衣《きぬ》を着せぬところがある。松村の面目《めんぼく》を潰《つぶ》すような、無遠慮な物言いもあったのかもしれない。

こうして、二人の間の溝《みぞ》は次第に深まっていったと考えられる。松村は富太郎に絶えず敵意を示し、批判し、圧迫するようになったという。

そのなかで、富太郎が最も困ったのは、給料を上げてもらえないことであった。上がらない給料に加え、富太郎の無計画な散財によって、牧野家は経済的困窮へと追い詰められていく。

百円の金を五十円に使う男

実家からの援助がなくなった富太郎の収入は、大学から貰う月給十五円だけとなった。

一方、妻・壽衛との間には、毎年のように次々と子どもが生まれていた。大所帯《おおじょたい》のうえ、膨大《ぼうだい》な数の書籍や標本を保管するために、広い家も必要だ。当然、家賃も高くなる。

これだけでも、月給十五円では厳しいだろう。

それにもかかわらず、富太郎は節約を心がけることもなく、研究のための費用は惜しまなかった。

特に、書籍の買い方は凄《すさ》まじかった。

富太郎は書店を訪れると、まず店員を呼ぶ。店員と一緒に店内を歩き、欲しい本を取り出しては店員に持たせる——を延々《えんえん》と繰り返すのだ。

店員が抱《かか》えきれなくなると置いてこさせ、再び、物色した本を持たせた。

こうして選んだ大量の本は、自宅へ届けさせるのが常だった。あまりに冊数が多いため、荷車で運ばれることも少なくなかった。

富太郎は、植物と名の付くものは、どんな本でも手に入れた。ときには、同じ本を版が違うという理由で、買い揃《そろ》えることもあった。

その一例が、小野蘭山《おのらんざん》の『本草綱目啓蒙《ほんぞうこうもくけいもう》』である。彼は『本草綱目啓蒙』の各版での違いを考証《こうしょう》している。

彼の友人たちが、「牧野は百円の金を五十円に使った」と言ったのも頷《うなず》ける買いっぷりであった。

当然のことながら、十五円の月給では賄《まかな》えない。

富太郎は、「大学に勤めていれば、なんとかなるだろう」と、高利貸しから借金を重ねていった。借金の大部分は、書籍代に使ったといわれる。

この経済観念が著《いちじる》しく乏《とぼ》しい富太郎を支えたのが、妻の壽衛である。

彼女はいかにして、経済的困窮と戦ったのだろうか。

壽衛の献身

富太郎は「働きのない主人に愛想《あいそ》をつかさずよくつとめてくれた。自分が植物の研究を続けられたのは妻・壽衛のおかげである」など感謝の言葉を随所で綴《つづ》っている。

確かに、壽衛の献身なくして、日本植物学の父・牧野富太郎は誕生しなかっただろう。

彼女は若いときから、芝居を観《み》たいとか、流行《はやり》の帯が欲しいなどの要求はいっさいしなかった。食事にも事欠くような暮らしのなかで、愚痴《ぐち》一つこぼさず、大勢の子どもたちを育て上げ、富太郎が研究に打ち込めるようにと尽力した。

子どもたちには「我が家の貧乏は学問のための貧乏だから、恥ずかしいと思ってはいけません」と言い聞かせたという。

借金が嵩んでからは、債権者の応対も壽衛の仕事となる。

富太郎の留守中に借金の取り立てが来ると、壽衛は家の門に赤旗を立てて、彼に合図した。富太郎は赤旗がしまわれるまで外で待ち、借金取りが帰ってから家に入った。

壽衛は人の応対に、抜群の才覚をもつ女性だった。

彼女は取り立てに来た債権者の話にじっくりと耳を傾けた後に、富太郎の植物研究の意義を説いた。

「利息も払わないとはけしからん！」と息巻いていた高利貸しも、最後には皆、「それはお気の毒だ。相済まなかった」と笑顔で帰ったという。

何人目かの子を出産して三日目に、壽衛は遠い道を歩いて、債権者に支払いの延期を頼みに行ったこともある。そんなときでさえ富太郎は、奥の部屋で好きな植物の標本をいじっているだけであった。

ずいぶんと酷《ひど》い夫に思えるが、壽衛は「まるで道楽《どうらく》息子を一人抱えているようだ」と冗談を言っていたという。

壽衛は金銭の工面《くめん》も、大変に上手であったと言われる。

富太郎は明治二十九年（一八九六）十月、大学から台湾《たいわん》へ植物採集のための出張を命じられた。

大学からは百円の旅費が支給された。だが、思う存分に調査するには足りず、富太郎は「六ヶ月分の給料くらいの金を持っていきたい」と言った。するとと、壽衛はどうやって調達したのか、給料十ヶ月分の金を用意している。

当時、清《しん》国から日本に割譲《かつじょう》されたばかりの台湾は危険といわれていたが、同年十二月、富太郎は、壽衛には花かんざし、二女の香代《かよ》にはオルゴール付きの置き時計を土産《みやげ》に買って、無事に帰国した。

台湾では貴重な植物採集もでき、収穫も大きかったが、この調査旅行のために家計は一段と苦しくなった。

このころ、牧野家の借金は二千円を超えていたという。

この経済的危機に手を差し伸べたのが、同郷の土方寧《ひじかたやすし》（一八五九～一九三九）と田中光顕《たなかみつあき》（一八四三～一九三九）であった。

つかの間の危機脱出　三十三～三十四歳
――明治二十八～二十九年（一八九五～一八九六）

土方寧はイギリス留学の経験もある法学者で、当時、帝国大学法科大学の教授であった。富太郎の生家から百メートルほど南東に位置する、現在は佐川町立青山文庫が建つ地に家があった。

富太郎の困窮を見かねた土方は、当時の帝国大学の総長・浜尾新《はまおあらた》（一八四九〜一九二五）に『日本植物志図篇』を見せ、「牧野富太郎はこのような優れた書物を著し、優れた功績を挙げている人物です。もう少し給料を出してあげて頂けませんか」と掛け合ってくれた。

温厚で、人望があることで知られる浜尾総長は、「これは大変に素晴らしい仕事だ」と富太郎の実績を認め、その苦境に同情を寄せた。

だが、大学には富太郎以外にも、大勢の助手がいる。富太郎だけ給料を上げるわけにはいかない。

そこで、「大学で植物誌を作り、それを富太郎に編纂《へんさん》させ、特別に手当を出そう」ということに決まった。それが、明治三十三年（一九〇〇）から刊行がはじまる『大日本植物志』である。富太郎が一人で担当することになった。

今まで自費でやっていたことが、大学から手当を貰ってできるのだ。富太郎にとって悪い話であるはずがない。

加えて、『大日本植物志』を手がけるならば、「富太郎の借金も、整理しなければならない」ということになった。土方は同郷出身でのちに宮内《くない》大臣を務める田中光顕に相談した結果、同じ土佐出身の三菱財閥《みつびしざいばつ》の岩崎《いわさき》氏が、富太郎の借金のすべてを清算してくれた。

借金も消え、『大日本植物志』の編纂という、やりたくてたまらなかった仕事を任された。おまけに特別手当も支給される。

万事、うまく運んだかのように思えた。

しかし、富太郎に特別手当が支給されることはなく、借金は再び膨《ふく》れあがっていくことになる。

富太郎を忌《い》み嫌う松村任三が、立ちはだかったからだ。

コラム②

家族総出の標本作り

富太郎には、標本作りに熱中するあまり、標本の重石《おもし》と一緒に縁側《えんがわ》から落ちてしまい、足の骨が見えるほどの怪我《けが》を負ったというエピソードがある。

富太郎がそこまで心血を注《そそ》ぐほど、標本作りは植物の研究において、大変に重要である。

標本が数多く集まれば、植物の特徴や分布を調べたり、類似した植物と比べたりすることができる。

また、国際植物命名規約により、植物に学名をつけて発表するときは、学名の証拠となるただ一つの標本（タイプ標本）を指定し、公共の標本館に永久保存することが決められている（東京都立大学　牧野標本館ホームページより）。

牧野富太郎は生涯《しょうがい》において、約四十万点もの標本を集めたが、これには家族の涙ぐましいまでの協力があった。

家族の苦労を語る前に、まず標本について簡単に説明したい。

標本は「乾燥標本」と「液浸《えきしん》標本」の二種類に、大きく分けられる。

乾燥標本はその名の通り、植物を乾燥させた標本で、「押し葉」が最も一般的だ。腊葉《さくよう》標本、あるいは、押し葉標本とも呼ばれる。

液浸標本は、七十パーセントくらいのアルコールなどを用いた保存液に浸《つ》けた標本だ。これは、乾燥標本にできない植物やその部位、または、花や果実などの形を残して保存したいときに作製される。たとえば、柔らかいキノコ類、水分を多く含んだ果実などである。

植物学で国際的に採用されているのは、腊葉標本だ。富太郎の家族が協力したのも腊葉標本作りである。

腊葉標本は以下の手順で作る。

①押し板の上に吸水紙（広げた新聞紙を三、四枚重ねて、四つ折りにしたもの）を一枚置き、この上に、挟《はさ》み紙（新聞紙を二つに切り離し、さらに二つに折ったもの）を載せる。
②標本にしたい植物の形を整えて、挟み紙に挟み、植物の水分を取るために、吸水紙を重ねる。
③①と②を繰り返し、植物を挟んだ挟み紙と吸水紙を、交互に積み重ねていく。
④③の上に、押し板と重石（重さは五〜十キログラム）を載せる。
⑤吸水紙を取り替え、乾燥させる。通常、七〜十日間ぐらいで乾く。吸水紙は乾かし

て、何度も使用する（牧野富太郎原著、北隆館図鑑編集部編『新学生版　牧野日本植物図鑑』「植物標本の作り方」）。

この吸水紙の取り換えと乾燥が、壽衛をはじめとする家族の役目であった。

富太郎は旅先で植物を採集すると、徹夜を厭《いと》わず押し葉を作っては、家族のもとに送った。

大量の生乾《なまがわ》きの押し葉が送られてくると、家族の者たちは吸水紙を取り換えて、完全に乾かすのだ。

吸水紙は完全に乾燥するまで、毎日取り換えるのが原則だ。特に最初の三日間は水分がしみ出しやすいため、一日に二回交換するのがよいとされる。

しかも交換を怠《おこた》ると、中央部が黒ずんで、見た目が悪くなってしまう。そんなことは、完璧《かんぺき》主義の富太郎が許さない。つまり労力を要するうえに、手も抜けないのだ。

吸水紙を取り換えては乾燥させる——真夏の炎天下《えんてんか》でのこの作業は大変だったと、三女の鶴代《つるよ》は語っている。

雨天が続き、吸水紙の乾燥が間に合わないこともあった。そんなときは、夏でも七輪《しちりん》に炭火《すみび》を起こし、室内に渡した鉄の棒に吸水紙をかけて乾かしたという。

富太郎が残した約四十万点の標本は、まさに家族の汗の結晶《けっしょう》なのだ。

コラム③

牧野新聞

富太郎の標本には、思わぬ貴重な資料が含まれていた。それは、標本の押し葉用に用いた新聞である。

全国津々浦々《つつうらうら》を植物採集に飛び回った富太郎は、各地で購入したり、現地の人に分けてもらったりした新聞紙で押し葉を作り、持ち帰っていた。

加えて富太郎のもとには、全国の植物愛好家が地元の新聞に挟んだ植物も、送られてきていた。意図《いと》せぬまま、日本中の新聞が集まっていたのだ。

牧野標本館では当初、標本を取り出したのちの古新聞は、廃棄《はいき》することになっていた。

しかし新聞には、政治経済から芸能、広告まで、多岐にわたる情報が盛り込まれており、その時代の社会を知るための、重要な手がかりとなる。

そこで保管に乗り出したのが、東京大学の研究機関「明治新聞雑誌文庫」（現在の近代日本法政史料センター　明治新聞雑誌文庫・原資料部）である。

明治新聞雑誌文庫は、昭和二年（一九二七）三月に、東京帝国大学法学部に開設された。ジャーナリストにして、風俗文化研究者でもあった宮武外骨《みやたけがいこつ》（一八六七〜一九五五）の収集資料と、東京帝国大学法科大学政治学科を首席で卒業した政治学者の吉野作造《よしのさくぞう》（一八七八〜一九三三）のコレクションの一部を中心とする。

明治新聞雑誌文庫は、標本作りに使われた、タイトル数五百十七種、総枚数約五千枚、樺太《からふと》から北海道、沖縄、中国、台湾、朝鮮、アメリカなど国内外で発行された新聞を「牧野新聞」として保管した。このなかには、戦禍《せんか》でほとんどを焼失した戦前の沖縄（琉球《りゅうきゅう》）の新聞や、現存しない珍しい地方紙も多く含まれている。

標本を挟んでいた新聞紙が、牧野の名を戴《いただ》く貴重な資料に生まれ変わり、活用されているのだ。

第五章
妻の死～世の中のあらむかぎりやするゑ《え》子《こ》笹《ざさ》

続く生活苦　三十五～三十八歳――明治三十～三十三年（一八九七～一九〇〇）

明治三十年、帝国大学理科大学は、東京帝国大学理科大学となった。

借金が消え、気も楽になった富太郎《とみたろう》は、「終生の仕事として打ち込み、世界に誇れる、もうこれ以上のものはできないというほど、素晴らしい本にしよう」と、熱意をもって、『大日本植物志』の編纂《へんさん》に取り組んだ。

ところが、給料が上がることも、期待していた特別手当が支給されることもなかった。松村任三《まつむらじんぞう》が認めなかったからだと言われる。

そこで富太郎は、明治三十二年一月、学問への貢献《こうけん》と、多くの収入を期待し、『大日本植物志』の前に、『新撰《しんせん》日本植物図説』の刊行をはじめた。富太郎、三十七歳の年のことである。

この『新撰日本植物図説』第一巻第一集の序文には、生活の苦しさが赤裸々《せきらら》に綴《つづ》られている。抜粋・意訳すると以下の通りだ（出典：上村登『花と恋して――牧野富太郎伝』）。

私は土佐《とさ》に生まれ、子どものころから植物を愛し、家業を捨てて植物学の道を志《こころざ》した。

家財を研究に惜しみなくつぎ込んだ結果、現在では妻子の衣食さえ儘《まま》ならぬ状態である。

すべては学問のためとはいえ、衣食に事欠く妻子のことを考えると、どうして超然としていられようか。

家を思うと、学問に専念できない。学問に忠実でいようとすると、妻子の飢《う》えを目《ま》の当りにしなければならず、私の心は麻《あさ》の如《ごと》く乱れる。

その両面を一挙に解決する手段として、日本産の植物を図説して刊行し、学問と教育の両方面の用に資《し》し、これによって得られるいくばくかの財貨によって当面を弁じ、私に与えられた大業（『大日本植物志』の刊行）を成し遂《と》げようと思う。

結網《けつもう》学人　牧野《まきの》富太郎　識

『新撰日本植物図説』は、学術的にはまぎれもない名著であった。

富太郎の自筆の植物図は、鋭い観察力にもとづく精密さと、確かな描写力で巧緻《こうち》を極めており、解説文も詳細でなおかつ正確であった。

特に『新撰日本植物図説』における植物図は、富太郎の最高傑作ともいわれる。富太郎が、多くの収入を期待したのも頷《うなず》ける。ところが、売れなかった。研究者は唸《うな》っただろうが、一般の読者には内容が難しすぎたのだ。

給料も上がらず、本も売れず——富太郎はまた借金に頼らざるを得なくなった。様々な困難のなか、富太郎は『大日本植物志』の編纂に全力を注《そそ》ぎ、翌明治三十三年（一九〇〇）二月、第一巻第一集が刊行された。

それは、富太郎が「我が国の植物書物中の、最も精緻《せいち》を極めたもの」と自賛するほどの出来映えで、学界からの評価も非常に高かったのだが——。

植物学教室の学者たちの嫉妬《しっと》の的となり、松村教授の富太郎に対する圧迫はますます強くなった。

『大日本植物志』刊行　三十八歳——明治三十三年（一九〇〇）

『大日本植物志』は、これまで富太郎が出した本とは違い、判型が一般的な本の約四倍の大きさであった。

富太郎が、この大きさにしたのには理由がある。

普通のサイズだと、どうしても植物図が実物大で描ききれず、縮小したものになってしまう。

そこで彼は、植物図をできるだけ実物大で掲載できるように、縦が四十八センチメートル、横が三十六センチメートルという大判の豪華本を企画したのだ。

この本に載せる図版一枚一枚を描き上げるのに、富太郎は多くの日時を費やした。

その甲斐《かい》あって、大きな版面いっぱいに描かれた植物の全形と解剖図は、正確かつ緻密《ちみつ》であるだけでなく、絵とは思えないほど生き生きとしていた。

表紙の題字、およびその他の文字も、凝《こ》った。富太郎はそれらを、聖徳太子《しょうとくたいし》の経文《きょうもん》の筆蹟《ひつせき》から選び取ったのだ。

富太郎は「綿密な図を描いたものは斯界《しかい》にも少ないから、日本の植物学界の光を世界に示すものとなった」「あのくらいの仕事は、なかなかできる人は少ないと自負している」「私の腕の記念碑であると考える」などと、かなりの自信をもって、世に送り出したようだ。

確かに、海外の植物園や大学にも寄贈され、高い評価を得ている。

しかし、どれほど『大日本植物志』の評価が高くても、特別手当は支給されず、一向に給料は上がらなかった。

松村には、『大日本植物志』を、「文章が長たらしい」「あまりに大きすぎる。持ち運びが不便だ」などと酷評《こくひょう》された。それだけでなく、「この本は、牧野富太郎以外の者にも書かせるべきである」とさえ言い出した。

しかし富太郎は、「もともと『大日本植物志』は自分一人のためにできたもの」と確信しており、総長の浜尾新《はまおあらた》も「牧野富太郎一人の仕事である」と言明したため、これを拒否したという。

『大日本植物志』はその後も、明治三十五年（一九〇二）八月に第一巻第二集が、明治三十九年（一九〇六）九月に第三集、明治四十四年（一九一一）十二月に第四集が、丸善《まるぜん》から出版された。

ところが、富太郎のエッセイによれば「四囲の情勢が極めて面白くなくなった」ため、第四集を最後に、発刊の中止に追い込まれている。

植物学教室の人々も、非常に冷淡な態度であった。『大日本植物志』の刊行の中止は植物学界においても痛い損失であるのに、富太郎の目には、密《ひそ》かに喜んでいるようにさえ映った。『大日本植物志』をめぐる戦いにおいて、富太郎は松村に敗《やぶ》れたといえよう。

なお、『大日本植物志』の第一巻第一集が発刊された明治三十三年は、第五回パリ万国博覧会が開催されている。パリ万博史上、最も規模が大きく、最も華やかだったこの第五回に、富太郎は竹の標本を出品した。

また六月には、農事試験場嘱託《しよくたく》を兼務している。

その後も、松村の圧迫は続き、隙《すき》あらば密かに、富太郎を免職にしようとしていたともいわれる。

しかし、富太郎には敵もいるが、味方も多い。彼の罷免《ひめん》をけっして認めず、守ってくれた人がいる。

翌明治三十四年（一九〇一）に東京帝国大学理科大学の学長となった、箕作佳吉《みつくりかきち》（一八五八〜一九〇九）である。

「日本動物学の父」と、未来の「日本植物学の父」　三十九歳〜

——明治三十四年（一九〇一）〜

箕作佳吉は、世界的に著名な動物学者である。実験動物学、分類学、派生学で絶大な業績を上げ、カキや真珠《しんじゅ》の養殖《ようしょく》にも貢献した。真珠王として知られるミキモトの創業者・御木本幸吉《みきもとこうきち》（一八五八〜一九五四）は、箕作らの指導のもと、半円真珠の養殖に成功したという。

箕作の実兄にあたる菊池大麓《きくちだいろく》は、元帝国大学理科大学長で家財整理のために佐川《さかわ》に帰郷していた富太郎を、帝国大学理科大学助手に推挙したといわれる人物だ。

さらに、箕作の実弟には歴史学者の箕作元八《げんぱち》（一八六二〜一九一九）がいる。

そんな学者一家の箕作佳吉は、慶應義塾《けいおうぎじゅく》、大学南校《なんこう》で学び、明治六年（一八七三）に渡米、エール大学で動物学を専攻。卒業後は、ジョンズ・ホプキンズ大学で研究を続けた。

明治十四年（一八八一）にはイギリスに渡り、ケンブリッジ大学で動物学者のフランシス・メイトランド・バルフォア（一八五一〜一八八二）に学んだ。

同年の暮れに帰国し、翌明治十五年（一八八二）に、日本人として初めての東京大学理科大学の動物学教授に就任。そして、明治三十四年に東京帝国大学理科大学の学長となったのは、前述の通りである。

後進に援助を惜しまない人格者でもあり、東京動物学会（現在の日本動物学会）の会長も務め、「日本動物学の父」と称された。

この華やかな経歴をもつ箕作学長は、実兄の菊池大麓との関《かか》わり合いもあってか、富太郎の良き理解者であった。

富太郎は明治四十二年（一九〇九）に、愛知県の伊良湖岬《いらごみさき》方面へ植物採集に赴《おもむ》いた際に、名古屋で大喀血《かっけつ》し、病床《びょうしょう》に伏したことがある。

そのとき、箕作は富太郎に手紙をしたため、「大学はいくら休んでもよいので、きちんと療養するように。気を落とさずに、頑張ってほしい」などと励《はげ》ましたという。

箕作は富太郎の才能を高く評価し、松村との確執《かくしつ》にも同情を寄せていた。箕作がいる間は、いくら松村が富太郎を罷免させようと試みても、それが実を結ぶことはなかった。

「日本動物学の父」は、未来の「日本植物学の父」を守ったのである。

借金と富太郎　三十九歳～――明治三十四年（一九〇一）～

松村から守ってくれた箕作学長だが、給料の面では、富太郎の力になれなかったようだ。

富太郎は自叙伝に、「君の給料も上げてあげたいが、松村君を差し置いてはできない」と、箕作から言われたと記している。

一向に給料が上がらないうえに、家庭では、また子どもが生まれたり、病気に罹《かか》ったり、亡くなったり、妻・壽衛《すえ》が入院したりと、どんどんと出費が増えていく。その結果、あちらこちらに借金を重ね、利子だけでも大変な金額になってくる。妻の壽衛はなんとか工面《くめん》しようと奔走《ほんそう》したが、万策尽きて、返済が滞《とどこお》ることもあった。

利子すらも払えず、家に執達吏《しったつり》（裁判所の命令によって、財産を差し押さえたり、競売に付したりする役人）がやって来て、家財の差し押さえを受けることも、一度や二度ではなかった。

壽衛は執達吏が来ると、富太郎の研究の妨げにならないよう、彼の書斎とは反対側の縁側《えんがわ》に案内したという。

実際に牧野家の家財道具が競売にかけられてしまい、翌日は食事をとる場所もない状態に陥《おちい》ったり、知人が用意してくれた金で取り戻したりしたこともあった。

富太郎は執達吏が差し押さえの札を貼《は》って回るなかで、少しも動じず悠然《ゆうぜん》と論文を執筆し続けたという。

しかし、楽天家の富太郎も、何も気にしていなかったわけではない。競売の前の晩には、「明日は家財が競売にされるかと思うと、頭の中が混乱して、論文を書くことも容易ではなかった」と自叙伝で振り返っている。

執達吏のなかには富太郎の境遇に同情し、競売の日を延ばすなど便宜《べんぎ》を図《はか》ってくれる者もいた。

家賃も滞納《たいのう》しがちで、しばしば立ち退《の》きを言い渡されている。

富太郎は「ああいう大きな家に住むのは、贅沢《ぜいたく》だ」と非難されるほど、不相応に大きな家で暮らすことが多かった。

しかし、それは贅沢ではなく、大家族のうえ、膨大《ぼうだい》な量の標本や書籍の置き場所が必要なため、やむなく広い家を選んでいるだけであった。

富太郎の三女・鶴代《つるよ》によれば、彼女が子どものころは、部屋という部屋は標本で埋め尽くされているため、標本と標本の間で寝たこともあったという。

大きな蔵のある家を借りることもあったが、無計画で入居するため、家賃が払えなくなり、すぐに大家《おおや》から追い出される。

次もまた大きな家を借りるが、敷金のために借金をしているので、家賃が払えなくなり、また追い出されることになる——それを繰り返した。

富太郎は大正十五年（一九二六）、六十四歳の年に、現在の東京都練馬《ねりま》区東大泉《ひがしおおいずみ》に居を構え、終生の住処《すみか》とするが、東大泉の地に行き着くまでに、牧野家は十八回（三十回とも）もの引っ越しをしたという（『牧野富太郎自叙伝』第三部「父の素顔」牧野鶴代）。

松村教授よりも有名に？　三十九〜四十四歳
——明治三十四〜三十九年（一九〇一〜一九〇六）

松村の圧迫、経済的苦境と、厳しい状況にありながらも、富太郎は歯を食いしばって研究に励み、活発な仕事ぶりを見せた。

明治三十四年二月には『日本禾本莎草《かほんさそう》植物図譜』、五月には『日本羊歯《しだ》植物図譜』の刊行をはじめた。八月には『大日本植物志』第一巻第二集を出している。

またこの年、『植物学雑誌』に欧文で「日本植物志」「日本植物考察」の連載を開始している。これはのちに、学位請求の主論文となった。

もっとも、経済的な困窮《こんきゅう》は、かなり深刻だったようだ。

博物学者の田中芳男《たなかよしお》は、壽衛が金の工面に苦しんでいることを知っており、手紙で「実のなる仕事をして、収入にならない仕事は止めること。すでに約束していたとしても、断るように」とアドバイスしている。

田中の言う「収入にならない仕事」とは何を指すのかは不明であるが、困窮のなかでも、収入よりも自分がやりたいことを優先している富太郎の様子がうかがえる。

翌明治三十五年（一九〇二）、四十歳の年には、郷里にサクラを送っている。

富太郎はサクラが大好きで、三女の鶴代によれば、「日本中をサクラで埋め尽くし、一面のサクラを飛行機から眺《なが》めるのが夢」だったという（練馬区公園緑地課『花在れバこそ吾れも在り』）。

当時の高知にはまだ、東京に多く見られるソメイヨシノのサクラがなかった。

そこで富太郎は、東京でソメイヨシノの苗木《なえぎ》を購入し、数十本を高知へ送っている。そのうちの一部を高知市五台山《ごだいさん》と佐川町（明治三十三年、町制施行）に配った。「さくら名所100選」の一つに選ばれた佐川にある牧野公園は、このとき富太郎が送ったソメイヨシノの苗を、地元の有志らが青源寺《せいげんじ》の土手《どて》などに植えたことにはじまる。

当初は「奥の土居《どい》」と呼ばれていたが、昭和三十三年（一九五八）に「牧野公園」

と名付けられた。牧野公園にはソメイヨシノの他にも様々な種類のサクラが咲き、サクラの名所として、多くの人の目を楽しませている。

公園の中腹には富太郎と、彼の借金返済に奔走した田中光顕《たなかみつあき》の墓がある。だが、富太郎には郷里にサクラを送るゆとりはなかったはずで、その費用はどのように捻出《ねんしゅつ》されたのかがわからない。

翌明治三十八年（一九〇五）には、アメリカのカーネギー研究所（科学研究支援の財団法人）に手紙を送り、植物研究への補助金を願い出ている。

彼がカーネギー研究所からの支援を、得られたかどうかは定かではない。

経済的には困窮する一方で、富太郎の植物学者としての評価は確かなものとなっていった。

明治三十九年には、滋賀県、岡山県、鳥取県、福岡県の各地で植物採集会を指導し、翌明治四十年（一九〇七）には東京帝国大学理科大学の植物学の教授である三好学《みよしまなぶ》（一八六二～一九三九）と共著で『日本高山植物図譜』の第一巻を刊行している。

このころは、教授である松村任三より、助手の富太郎のほうが有名になりつつあった。

松村は、さぞかし忌々《いまいま》しかっただろう。

しかしこの年、富太郎の人生が暗転する。

富太郎を守り、支えてくれた学長の箕作佳吉が、学長の座から退いたのだ。そして、二年後の明治四十二年（一九〇九）に病死することになる。

箕作の死　四十五〜四十七歳——明治四十〜四十二年（一九〇七〜一九〇九）

翌明治四十年、箕作佳吉に代わって、偉大な化学者である桜井錠二《さくらいじようじ》（一八五八〜一九三九）が東京帝国大学理科大学の学長に就任した。

富太郎をよく理解していた箕作と違い、桜井学長は彼についてまったく知らなかった。

富太郎によれば、松村は桜井学長を焚《た》きつけ、富太郎を罷免に追い込むが、それは三年後の明治四十三年（一九一〇）のことである。

それまでの間、富太郎は精力的に活動した。

明治四十年十月には東京帝室博物館嘱託となる。

『増訂草木図説』の第一巻が刊行されたのも、この年である。

翌明治四十一年（一九〇八）十月には、校訂《こうてい》を務めた東京博物学研究会編『植物図鑑』と、三好学教授との共著『日本高山植物図譜』の第二巻が、刊行されている。

翌明治四十二年七月には、「ヤッコソウ」の新種を発表し、大きな話題を呼んだ。ヤッコソウは、富太郎の没後に創設された、東京都立大学の牧野標本館のシンボルマークとなっている。

そして九月、富太郎の良き理解者であった箕作佳吉が病死するが、富太郎は箕作への感謝を込めて、千葉県で発見した、かつてカヤツリグサ科の一新種であった「マツカサススキ」の学名に、「Scirpus mitsukurianus Makino」とつけて発表した。自叙伝で富太郎は、「いつかは箕作の墓地の側《そば》に水瓶《みずがめ》を埋めて、彼の名を冠したマツカサススキを植え、彼の霊を慰《なぐさ》めたいと思った。そのときのために、マツカサススキが庭に植えてある」と述べている。

植物同好会のカリスマ　四十七歳――明治四十二年（一九〇九）

富太郎は世界的な研究者であると同時に、一般の人々に植物と触れ合う楽しみを広め、植物学を普及させた偉大な指導者でもあった。

明治時代の後半ごろから、植物学界以外の一般の人々にも植物への関心が徐々に広がり、日本各地にアマチュアながら植物の研究を志す者が増えてきた。

各地で植物採集会や講習会が行なわれるようになると、富太郎はそうしたイベントに、講師として招かれることが多かった。

各地の植物採集会や講習会に招かれれば、いくらかの謝礼金が貰《もら》える。富太郎はその謝礼金で、研究のための旅行を続けた。富太郎の研究に植物採集・調査旅行はなくてはならないものであるから、この収入は彼にとってありがたかっただろう。

植物採集会や講習会では、ちょっとしたアクシデントにも見舞われている。

たとえば、明治四十二年八月、徳島教育会主催で行なわれた剣山《つるぎさん》植物講習会では、富太郎は迷子になっている。

植物採集に夢中になるあまり、講習会であることを忘れ、一人でどんどんと山奥へ入ってしまったのだ。

富太郎の姿が消えたことに気付いた参加者は、大いに慌《あわ》てた。

法螺貝《ほらがい》を鳴らしながら、「牧野先生」と大声で呼び、必死に山中を探し回り、ようやく見つけることができたという。

やがて、富太郎を指導者とする植物同好会が結成されていく。最も早いのは、明治四十二年十月創立の「横浜植物会」である。

二年後には、富太郎を会長とする「東京植物研究会」が結成された（その後、「東京植物同好会」を経て「牧野植物同好会」と改名）。

それぞれの会では月に一度、日曜に植物採集会を開き、ときには山梨県や長野県などにも足を延ばした。これらの会は、現在も活動を続けている。

富太郎の植物採集会や講習会は、大好評であった。

なにしろ知識が豊富で、知らない植物など一つもないのだ。植物の学名や和名、その由来、類似植物との違いなど、何を訊《き》いても、よどみなく答えが返ってくる。しかも、話術が巧《たく》みでユーモアがあった。

土佐の訛《なま》りが柔らかく響き、誰もが富太郎の話に引き込まれた。

富太郎の周りには常に人だかりができ、次から次へと質問が投げかけられた。松村など植物学の専門家にはいささか手厳しい富太郎だが、一般の植物愛好家には、すこぶる親切であった。たとえば、同じ植物の名を繰り返し尋ねられても、けっして嫌な顔をせずに、「何度、訊いてもいい」と丁寧《ていねい》に答えたという。

「私は植物の精である」とは富太郎のエッセイのタイトルで、彼の代名詞ともいうべきフレーズであるが、蝶《ちょう》ネクタイ姿で植物と戯《たわむ》れ、その楽しさを熱く語る彼は、草木の妖精《ようせい》そのものであった。

三女の鶴代によれば、サービス精神も旺盛《おうせい》だったという。あるとき植物採集会の場に猿《さる》の小屋があった。そのとき、富太郎はその小屋の中に入り、猿の真似《まね》をして、会のメンバーを笑わせた。そういった、楽しい会にするために無邪気な努力をする一面もあった。

富太郎は、多くの人々に植物の魅力を伝え広めることに、喜びを感じていたのかもしれない。

めざましい研究成果に加え、植物学の裾野《すその》を広げた富太郎が、東京帝国大学理科大学助手を罷免されるのは、明治四十三年（一九一〇）、彼が四十八歳の年のことである。

罷免から帝大講師へ　四十八～五十四歳

――明治四十三～大正五年（一九一〇～一九一六）

富太郎の自叙伝によれば、松村は桜井学長を焚きつけて、富太郎を罷免とした。

ところが、富太郎の存在は、松村が考える以上に大きかった。植物学教室の面々は、これを承知せず、「牧野を辞めさせてはいけない。そんなことをされては、教室が立ちゆかない。秩序も乱れる」と反対運動が巻き起こった。

特に、植物分類学者の矢部《やべ》吉禎《よしただ》（一八七六～一九三一）、水生細菌類研究の創始者として知られる服部広太郎《はっとりひろたろう》（一八七五～一九六五）、農学部教授の池野成一郎《いけのせいいちろう》などが強固に反対し、桜井学長に直《じか》に働きかけた。

その甲斐あって、富太郎は二年後の明治四十五年（一九一二）一月、東京帝国大学理科大学の講師として、復活を果たす。その間、東京帝国大学理科大学の植物取り調べ嘱託、および千葉県立園芸専門学校の嘱託として講師を務めていた。

講師任用により植物取り調べ嘱託は解かれたが、月給は三十円に昇格した。ここに富太郎は、松村に完全に勝利したといえよう。富太郎、五十歳の年のことである。

こうして、富太郎は講師として、東京帝国大学理科大学の学生に植物分類学の講義をするようになった。

型破りな富太郎は、その講義も自由で枠《わく》にはまらないものであったと伝わっている。

まず決まった時間に来なかった。適当な時間に、ときには菜っ葉やお菓子を携《たずさ》えてやってきては、川柳《せんりゅう》や都々逸《どどいつ》も交えて、幅広く植物について語ったという。

大正二年（一九一三）の夏には、久しぶりに佐川へ帰っている。東京帝国大学理科大学の講師の肩書きを手に入れた富太郎は、佐川の人からある程度認められる存在となっていた。町長が歓迎の辞を述べるなど、それなりの扱いで迎えられたようである（松岡司『牧野富太郎通信――知られざる実像』）。

この年には、ドイツの有名な植物分類学者のエングラーが来日した。

同年七月、富太郎は植物病理学の開祖である白井光太郎《しらいみつたろう》、水産藻類の研究で知られる理学博士の斎田功太郎《さいだこうたろう》（一八五九〜一九二四）、薬学者の木村彦右衛門《きむらひこえもん》（一八七九〜一九三三）らの植物学者とともに、日光《にっこう》でエングラーと植物採集をした。

また、岡山県、広島県、高知県で、植物採集会の指導を行なっている。

翌大正三年（一九一四）には、嘱託だった千葉県立園芸専門学校に辞表を出し、神奈川県、岡山県、鹿児島県で植物採集会を指導した。

生活費や研究費の足りない分は、借金で補《おぎな》った。

第一次世界大戦真っ只中《ただなか》の大正五年四月には、自分で自由にできる機関誌が欲しくて、『植物研究雑誌』を創刊。いわば彼の道楽《どうらく》であったが、そのためにここでも五十円の借金をしている。しかし、あまり売れず、第一巻第三号まで出したところで、休刊を余儀《よぎ》なくされている。

この年、積み重なった借金は三万円近くにのぼった。現在の金額に換算すると、六、七千万円とも、一億円ともいわれる。利子すらもほぼ支払い不可能で、家財のみならず、研究には欠かせない書籍や資料までも、差し押さえられた。

さすがの富太郎も「絶体絶命」と称している。

この絶体絶命のピンチを乗りきるために、富太郎が決意したのは、命よりも大切な標本を、外国へ売ることであった。

二十五歳の学生篤志家《とくしか》・池長孟《いけながはじめ》との出会い　五十四歳——大正五年（一九一六）

富太郎の危機に立ち上がった人物がいる。のちに房州《ぼうしゅう》大網《おおあみ》農学校の校長となる、農学士の渡辺忠吾《わたなべちゅうご》である。新聞に寄稿していた渡辺は、「思い切って世の中に窮《きゅう》状《じょう》を発表したほうがいい」と、富太郎に強く勧めた。

富太郎が了承すると、渡辺は大正五年十二月十五日の『東京朝日新聞』の論説で、彼の窮状を訴え、「国家的文化資料が海外に流出することがあれば国辱《こくじょく》である」

と説いた。

この記事は十二月十八日の『大阪朝日新聞』にも大きく取り上げられ、世界的植物学者・牧野富太郎の危機は全国に知れ渡った。

この記事を読んだ二人の篤志家が、支援の名乗りをあげた。

二人とも神戸の人間で、そのうち一人は、日立《ひたち》製作所などを創立した実業家で、のちに立憲政友会《りっけんせいゆうかい》総裁ともなる、久原房之助《くはらふさのすけ》（一八六九〜一九六五）である。

もう一人は、二十五歳の京都帝国大学法科大学の学生で、のちに池長美術館を設立した池長孟（一八九一〜一九五五）だ。映画評論家の淀川長治《よどがわながはる》（一九〇九〜一九九八）の姉と再婚したことで知られる。

池長孟は旧姓を井上といい、幼くして大資産家の叔父《おじ》・池長通の養子に迎えられ、このころにはすでに、養父の莫大《ばくだい》な財産を引き継いでいた。

富太郎は、朝日新聞の記者と相談のうえ、池長の援助を受けることに決めた。

池長は三万円で標本を買い取ったのちに、それを富太郎に寄贈するという、夢のような提案をもちかけた。

しかし、さすがの富太郎も、そこまでしてもらうのは気が引けたようである。彼は、この申し出を固辞《こじ》した。

そのため富太郎の膨大な標本は、池長の亡父が所有していた神戸市兵庫区会下山《えげやま》の正元館《しょうげんかん》（小学校の講堂を移築した建物）の所蔵とし、新たに植物研究所を設立することとなった。

研究所ははじめ、「牧野植物研究所」と称されるはずだった。だが、富太郎の感謝の念から、池長の姓を冠した「池長植物研究所」にすることにした。

また、富太郎は月一回神戸を訪れ、研究をすることに決まった。

加えて池長は、「このままでは、また借金ができるだけだから」と、牧野家に毎月、若干の援助を申し出ている。

休刊の憂《う》き目をみていた『植物研究雑誌』も、池長の援助を受け、大正六年（一九一七）四月に第一巻第四号が発刊できた。

大正七年（一九一八）には、池長植物研究所が開設された。十月三十一日から十一月三日にかけて、大々的に行なわれた開所式には、壽衛とともに出席している。

このように、大変に手厚い支援をしてくれた池長であるが、やがて、その援助は打ち切られることになる。

富太郎は約束通り、当初は毎月一回、池長植物研究所に出張していたが、だんだんとおろそかになり、いつのまにか行かなくなっていた。

池長植物研究所に運び込まれた約三十万の標本の多くは、新聞紙にくるまれているだけの状態で、とても一般に公開できるものではなかった。

しかも、整理は進まず、池長の理想とする池長植物研究所になりそうもなかった。

富太郎が、池長からの援助金三万円の一部を浪費したため、池長の母・しまが支援に難色を示した――など、その理由はいくつか囁《ささや》かれている。

こうして、富太郎と池長の関係は悪化した。両者の問題（池長問題）が解決し、標本が富太郎の元に戻るのは、昭和十六年（一九四一）、富太郎が七十九歳の年まで待たねばならない。

中村春二《なかむらはるじ》の援助　五十七〜六十一歳――大正八〜十二年（一九一九〜一九二三）

大正八年二月、富太郎の所属する東京帝国大学理科大学は、東京帝国大学理学部となった。

この年、サクラ好きの富太郎は、東北地方の山に多いオオヤマザクラの苗木を百本、北海道から取り寄せ、帝室博物館（現在の東京国立博物館）に寄贈して、のちに上野《うえの》公園に植えさせている。

大正十年（一九二一）年ごろからは、東京帝国大学理学部で「植物分類学野外実習」を受けもつようになり、学生たちに好評を博《はく》した。

大正十一年（一九二二）には、富太郎と対立していた松村任三教授が、東京帝国大学を停年で去っている。

一方、講師の富太郎に、停年はない。彼は一年単位の臨時雇用を繰り返し、七十歳を過ぎても、講師として在籍し続けることになる。

『植物研究雑誌』は池長孟の援助が打ち切られたため、またもや休刊せざるを得ない状態であった。

だが、ここでまた救世主が現われる。成蹊《せいけい》学園高等女学校の中村春二（一八七七〜一九二四）である。

富太郎は大正十一年七月、日光で、成蹊学園高等女学校の職員や生徒を相手に植物採集会を開いている。そのとき、学園長の中村春二と知り合ったのだ。

富太郎は中村に『植物研究雑誌』の必要性を説き、それが経済的理由で休刊となっていると訴えた。

中村は以前から富太郎を尊敬しており、「我が校の出版部で刊行を引き受けます」と約束し、題号を「植物ノ知識ト趣味」と改めた『植物研究雑誌』第三巻第一号が、発刊される運びとなった。

ところが、印刷を終えたところで、未曽有《みぞう》の大事件が勃発《ぼっぱつ》する。

大正十二年（一九二三）九月一日、関東大震災が起こったのだ。

関東大震災　六十一歳――大正十二年（一九二三）

富太郎は震災が起こったとき、渋谷《しぶや》の荒木山（現在の東京都渋谷区）の自宅で、標本を見ていた。

好奇心の強い彼は、もともと「天変地異」にも、非常に関心をもっていた。よって、この天災も「驚くよりも心ゆくまで味わった」「揺れ方をしっかり覚えていないのが、残念でたまらない」と嘯《うそぶ》いている。

富太郎の三女・鶴代によれば、地震だけでなく、富太郎は火山も大好きだった。熊本県の阿蘇山《あそさん》の噴火《ふんか》は近くまで見物に行ったというし、鹿児島県の桜島《さくらじま》の噴火も見たようである。まことに、科学者らしい趣味趣向である。

幸い、震災において、牧野家に大きな被害はなく、瓦《かわら》が落ちた程度であったという。自宅にあった標本も無事であった。

しかし、印刷所が全焼してしまったため、中村の援助で発刊にこぎつけた『植物研究雑誌』第三巻第一号も焼けてしまった。残ったのは、富太郎が持っていた見本刷りの七部だけである。

火災による惨状を目の当りにした壽衛は、夫の貴重な標本や書籍が灰と化すことがないように、火事の危険性の少ない郊外に家をもたなければならないと考えるようになった。

家を持つには資金が必要だ。だが、富太郎にそれを求めるのは不可能である。壽衛は、自分で稼《かせ》ぐことに決めた。

彼女が選んだのは、待合兼料理屋の経営であった。

念願の新居　六十四歳——大正十五年（一九二六）

壽衛は渋谷の荒木山に一軒の家を借り、待合兼料理屋をはじめた。

待合は芸妓《げいぎ》を呼んでの宴席《えんせき》や、密談の場として、政治家や豪商などが利用した。

明治維新《いしん》後に流行している。現在でいえば、高級料亭が一番近いだろう。

壽衛は待合の屋号に、実家の別姓をとって「いまむら」と付けた。東京帝国大学理科大学講師である夫に悪い評判が立たぬように、別居という形を取った。

僅《わず》か三円の資金ではじめた店であったが、壽衛には経営の才能があったようだ。富太郎いわく、「土地で一流ぐらい」、店は繁盛《はんじょう》した。

だが、大学からは「大学の職員の家族が待合をやるとはけしからん」と非難の声が上がり、やがて、店の経営も傾きはじめた。

聡《さと》い壽衛は「いまむら」を閉め、店とその権利を売って、まとまった金を得たという。

その金で郊外に家を買おうと、壽衛は土地を探しはじめた。

壽衛は、富太郎の書生をしていた東京府北豊島《きたとしま》郡大泉村役場の書記・芹沢薫一郎と、彼の上司で植物愛好家の渡辺徳右衛門に、相談をもちかけた。

すると、芹沢の夫人の実家である加藤氏の厚意により、所有する府下北豊島郡大泉町上土支田《かみどしだ》（現在の東京都練馬区東大泉）の雑木林を借りられることとなった。

大正十四年（一九二五）の夏に現地を見に行った富太郎は、そこを一目で気に入った。

壽衛は、この七百坪もある雑木林に一軒の家を建て、大正十五年、牧野家は新居に移り住んだ。富太郎は六十四歳、壽衛は五十三歳になっていた。

この大泉の家は富太郎の終《つい》の住処となり、「我が植物園」と称して、九十四歳九ヶ月で没するまでの長い時間を過ごすことになる。だが、壽衛がこの家で過ごした時間は短かった。

なぜなら、間もなく、壽衛の体は病《やまい》に蝕《むしば》まれることになるからだ――いや、転居したときには、もうすでに蝕まれていたのかもしれない。

一方、壽衛の献身は、報《むく》われつつあった。

翌昭和二年（一九二七）四月、富太郎が理学博士の学位を授与されたのだ。「牧野博士」の誕生である。

理学博士　六十五歳――昭和二年（一九二七）

富太郎の学位取得は、彼自身が積極的に望んだものではなかった。

これまでも、「理学博士にするので、論文を提出するように」と何度も勧められていた。

彼の後輩や教え子にも学位を得ている者が大勢いたし、経済的困窮を知る友人たちからは、「学位があれば、待遇も改善されるのでは」とアドバイスされることもあった。それでも、権威を嫌う富太郎は、意地を張って断り続けていた。

「学者に必要なのは学問のみ。称号はまったく必要ない。学位の有無など問題ではない」――これが、何の肩書きももたないまま研究を続けてきた富太郎の矜持《きょうじ》であり、意地であった。

そんな富太郎の学位取得のために尽力したのが、親友の池野成一郎と、東京帝国大学農学部助教授の三宅驥一《みやけきいち》（一八七六〜一九六四）である。

三宅は、コンブの精子発見、アサガオの遺伝学的研究などで知られる植物学者だ。この当時は助教授であったが、昭和七年（一九三二）に教授に就任している。

三宅と池野は、「学界の順序からいって、牧野富太郎が学位を取らないと、後輩が迷惑する」などと富太郎を説得し、ついに彼も折れた。

『植物学雑誌』に欧文で連載していた「日本植物考察」を本論文とする、学位請求のための論文を提出し、昭和二年四月十六日付で、理学博士の学位を授与された。

友人たちも壽衛も喜び、祝福した。学位の授与後、十二円ほど昇給もしている。

しかし、富太郎は「学位を押しつけられ、すっかり平凡になってしまったことを残念に思っている」と自叙伝に綴っている。

確かに富太郎にとって、肩書きは必要のないものだったのかもしれない。だが、自分以外の大切な人のために、心のどこかでは望んでいたのではないだろうか。

自叙伝には、博士号を受けたときに作った歌として、

苦しい思い今日の今まで通した意地も　捨てにゃならない血の涙
鼻糞《はなくそ》と同じ太さの十二円　これが偉勲《いくん》のしるしなりけり

などに交じって、

たとえ学問のためとはいえ、両親のなきあと酒造る父祖の業をほしいまゝに廃めて、その産を使い果たせし我なれば
早く別れてあの世に在《い》ます　父母におわびのよいみやげ

という歌が記載されている。

幼いころに死に別れた父母も、富太郎の学位取得を喜んでいるに違いない。

スエコザサと壽衛の死　六十五～六十六歳――昭和二～三年（一九二七～一九二八）

理学博士となった昭和二年の十一月、富太郎は札幌博物学会が主催する、北海道帝国大学で行なわれた「マキシモヴィッチ生誕百年祭」に出席し、講演した。この帰り道、彼は盛岡と仙台で植物採集を行なった。そのとき、仙台で採集したササの一種は新種であることがわかった。このササは、富太郎にとって一生忘れられないものとなる。

一方、壽衛は東大泉の家に、ゆくゆくは立派な植物博品館を建て、牧野植物園を作りたいと張り切っていた。

だがこのころ、体の異変が明らかになり、東京帝国大学医学部の青山外科へ入院している。

富太郎は病原不明と称しているが、悪性の腫瘍《しゆよう》であったとみられている。富太郎の六女・玉代《たまよ》によれば、「入院してもお金が続かず、徹底的な治療ができなかった」という（『植物と自然』「わが母　壽衛子を語る」一九八一年臨時増刊号）。入院費が払えず、幾度も入退院を繰り返すうちに、壽衛は手遅れとなったようである。

そして、翌昭和三年二月二十三日、入院先の青山外科で、富太郎や子どもたちに見守られ、この世を去った。

苦難の末に自分たちの家を持ち、富太郎も理学博士となった。これからは少しは落ち着いた日々が送れるかもしれない。そんな矢先の死であった。

高知新聞社編『MAKINO』によれば富太郎は植物分類学において、最も重要な行為は植物の命名で、私情を挟《はさ》んではならないと考えていた。

そのため彼はドイツの医者で博物学者のフィリップ・フランツ・バルタザール・フォン・シーボルト（一七九六～一八六六）が、自分の愛人の名を日本のアジサイに命名したとして、学会誌で激しく非難している。

だが、富太郎は、仙台で見つけた新種のササに、亡き妻の名を冠して「スエコザサ」の和名と、「Sasa Suwekoana Makino（現在は Sasaella suwekoana Makino）」の学名を与えて、発表した。

富太郎は愛する妻の名を、自分が発見したササとともに、永遠に残したのだった。このとき彼は、愛する人の名をアジサイにつけたシーボルトの気持ちが、理解できたのかもしれない。

壽衛は、東京都台東区谷中《たいとうくやなか》の天王寺《てんのうじ》墓地に葬《ほうむ》られた。富太郎は墓碑《ぼひ》として、「家守りし妻の恵みや我が学び　世の中のあらむかぎりやすゑ子笹」の歌を、長《とこ》しえの感謝を込めて、深く深く刻んだ。

そして、スエコザサを家の庭に移植し、「この地に標本館と植物園を作る」という亡き妻の願いが叶《かな》う日を信じた。

壽衛のいない富太郎の人生がはじまる。

コラム④

牧野富太郎の愛した家族

富太郎と壽衛の間には、一六九ページの「牧野家の系図」のように死産を含め十三人の子が生まれた。だが、両親よりも早く亡くなった子も多く、富太郎が六十二歳の大正十三年（一九二四）には、子どもは男女七人となっている。長女の園子は早世しているため、二女の香代を長女とする見方もある。

母の壽衛がこの世を去ると、はじめは四女の巳代《みよ》と六女の玉代《たまよ》の二人が、のちに三女の鶴代が、東大泉の牧野邸で父・富太郎と同居し、身の回りの世話をし、献身的に尽くした。

鶴代によれば、富太郎は非常に子煩悩《こぼんのう》だった。

家計が苦しいうえに、研究が最優先だったため、他の家の父親のように動物園に連れて行ってくれるようなことはなかったが、彼女は「子どもが病気になったときの、父の真剣な顔が忘れられない」と言う。

「どんなに苦しいときでも、どんなに貧しい暮らしのなかでも、父はいつも面白い話をして、みんなを笑わせていた」と、鶴代は振り返っている。

彼女は、牧野記念庭園が開園すると非常勤職員となり、富太郎ゆかりの来園者があったときなどの説明役を、昭和四十五年（一九七〇）に亡くなるまで務めている。

富太郎が他界した際には、彼の業績を後世に伝えるために、尽力した。遺族の意見をまとめ、蔵書を高知県立牧野植物園に、標本を東京都立大学に、無償で寄贈する決断を下したのも、鶴代である。

鶴代の孫・牧野一淳《かずおき》（富太郎の曽孫《ひまご》）の話によれば、鶴代は植物同好会で講師を務められるほどの植物知識をもっていた。

また、俳句や和歌が好きで、母の壽衛から手ほどきを受けていた。三味線《しゃみせん》も上手で、小唄《こうた》や都々逸を弾《ひ》いていたという（練馬区公園緑地課『花在れバこそ吾れも在り』）。

六女の玉代は、結婚式の費用を富太郎に使い込まれている。

富太郎は玉代の結婚式の費用を、本屋から前借りした。

そのまま真《ま》っ直《す》ぐ帰ればよかったのだが、富太郎は神田《かんだ》に寄り道した。

すると、彼はそのお金を、すべて本に代えてしまったのだ。

「おまえ、済まんけどね、金がなくなっちゃった」と謝りつつも、富太郎は本を手に入れた嬉《うれ》しさのあまり、「ほいほい」していたという。

玉代は諦《あきら》めるしかなかった。こういうときの富太郎に何か言うと、大変なことになるのがわかっていたからだ。

「母の壽衛も、こうやって何十年も諦めの生活をしていた」と。

総額一億円と査定されたともいわれる富太郎の蔵書には、「母の血と、子どもたちの涙が固まっている」と、玉代は言う（武井近三郎『牧野富太郎博士からの手紙』）。

最後に、練馬区立公園緑地課『花在れバこそ吾れも在り』に掲載されている玉代の娘・岩佐まゆみの話を、ご紹介しよう。

まゆみは、ごく幼いころから牧野邸を頻繁《ひんぱん》に訪れ、祖父・富太郎の最期を看取《みと》っている。

「まゆみ」という、当時としては画期的《かっきてき》な名前を付けたのは、富太郎だ。

「真がしっかりした、強い子に育つように」との願いを込めて、庭のマユミの木の名をとって、命名した。

まゆみは、怒った顔の富太郎を見たことがないという。

彼女にとって富太郎は、外では蝶ネクタイ、家では和服姿で微笑をたたえた、優しいおじいさんだった。

まゆみの話によれば、富太郎は自由でおおらかな発想の持ち主だったようである。

たとえば、親族の結婚に関して、双方に立場の違いがあったとしても、「好きなら

牧野家の系図

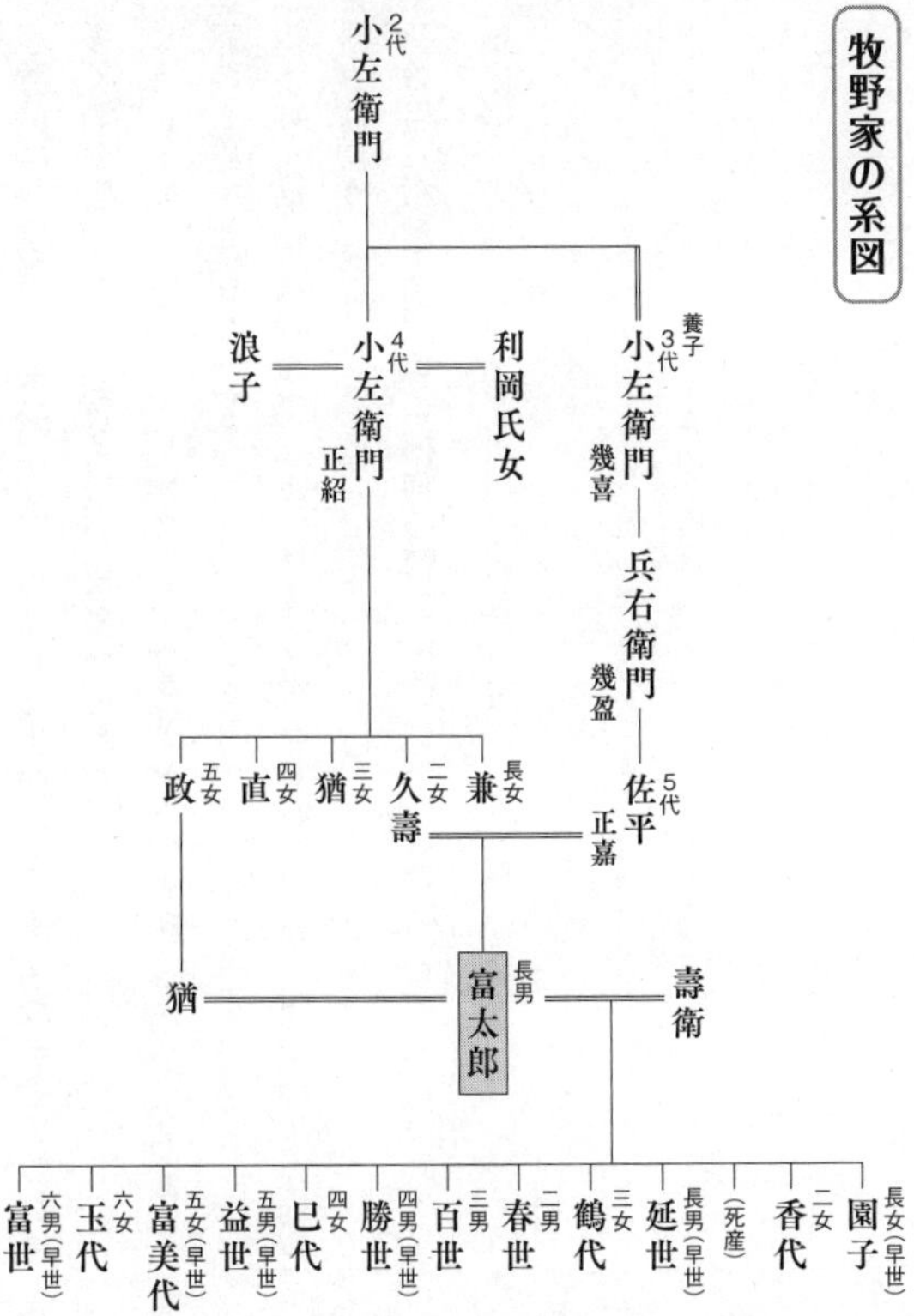

出典：佐川町立青山文庫『日本植物学の父・牧野富太郎』の「牧野家系図」をもとに作成

ば、一緒に暮らせばいい」と言っていたそうだ。

世界的植物学者・牧野富太郎の孫であるまゆみは、高名な学者をはじめ、政財界など多くの分野の人々と知り合い、可愛《かわい》がられた。

ゆえに、祖父の名声や功績を充分に承知しているが、「祖父は名誉には無関心な、無冠の大雄」と称している。

「何よりも植物が好きで、ただ植物を愛《いと》おしむことが、祖父の生き様だった」と、まゆみは言う。

孫の目にも富太郎は、「植物の精」に映ったに違いない。

第六章
花と恋して九十年

自動車事故　六十六歳～――昭和三年（一九二八）～

武井近三郎『牧野富太郎《まきのとみたろう》博士からの手紙』によると、富太郎の六女・玉代《たまよ》が、「あれほど困った顔をしたお父さんを、見たことがない」と言うほど、壽衛《すえ》の死は彼に衝撃を与えた。

富太郎は自邸のスエコザサを眺《なが》め、亡き妻を偲《しの》んだ。

牧野邸では、富太郎と四女の巳代《みよ》と六女の玉代の三人の生活がはじまった。富太郎の身の回りの世話や家計のやりくりも、二人の娘が引き受け、夜中まで研究を続ける富太郎にコーヒーを持って行くと、心から嬉《うれ》しそうだったという。

やがて、巳代と玉代に代わって、三女の鶴代《つるよ》が富太郎の世話をするようになるが、富太郎は妻を喪《うしな》った寂しさを埋めようとするかのごとく、よりいっそう研究に打ち込んだという。

壽衛が亡くなってから五ヶ月後の昭和三年七月、富太郎は植物採集の旅に出ている。十一月までの間に、栃木、新潟、兵庫、鳥取、島根、広島、岩手、青森、宮城、熊本、鹿児島の十一県で、植物採集を行なった。

このうち、青森県では九月に、青森営林署の職員と恐山《おそれざん》の植物調査を行なっている。その帰り道、富太郎はキノコ（カラカサタケ）を発見した。

すると、なぜか彼は、両手にキノコを持って、おもむろに踊りはじめた。

腰をくねらせて踊る姿に、疲れも忘れ、皆大笑いしたと伝わる。

翌昭和四年（一九二九）九月には岩手県の早池峰《はやちね》で植物採集を行なった。

昭和五年（一九三〇）三月の話として、富太郎らしいエピソードが残っている。

このころ、ササの分類に熱中していた富太郎は、埼玉県の平林寺《へいりんじ》で、新種のササを発見した。

大喜びした富太郎は、平林寺にちなんで、「ヘイリンジザサと命名する！」と叫んで、境内《けいだい》の鐘《かね》をゴンゴンと鳴らしまくった。

すると、怒った寺の僧侶《そうりよ》たちから、一喝《いっかつ》されてしまう。

六十八歳の富太郎は叱《しか》られたことに腹を立て、ササの名を「ヒザオリザサ」と変えたと伝えられている。膝《ひざ》を折って、謝罪させられたのだろうか。

同年八月には、山形県と秋田県にまたがる鳥海山《ちょうかいさん》に赴《おもむ》き、植物を採集した。

昭和六年（一九三一）の一月には、富太郎の名を不朽《ふきゅう》のものとする『牧野日本植物図鑑』の執筆をはじめている。

突した。

ところが四月、大事件に見舞われた。自動車事故に遭《あ》ったのだ。

小石川《こいしかわ》植物園からの帰りに乗ったタクシーが、前方から疾走《しっそう》してきた自動車と衝突した。

富太郎は、ガラスの破片で顔に傷を負ってひどく出血し、東大病院に三週間ほど入院している。退院したばかりのころは、まだ顔に傷が残っていたのか、「少しばかり人相が悪くなった」と自叙伝で書いているが、すぐに快復したようだ。医者は「酒を飲まないから全快が早い」と喜んだ。

昭和七年（一九三二）の七月には、植物採集のために、富士山に登っている。このとき富太郎は、七十歳であった。同行者は彼の衰えないパワーに驚愕《きょうがく》したという。

翌昭和八年（一九三三）六月四日には、広島文理科大学の職員たちと、同校の学生を引き連れて、八幡高原《やわたこうげん》で植物採集の実地指導を行なっている。

そこで、花盛りのカキツバタの群落に出会った。鮮やかな紫の花である。それを眺めているうちに、富太郎は、昔はカキツバタの花びらの汁で、白い布を染めていたことを思い出した。

さっそく富太郎は、試してみることにする。カキツバタの花を摘《つ》み採り、絞《しぼ》ると汁が出た。それを白のハンカチに摺《す》り付けてみると、実に綺麗《きれい》な紫色に染まった。

興《きょう》が乗った富太郎は、「昔の人の気分を味わおう」と、着ていた白のワイシャツの胸にも大いにカキツバタの花を摺り付けて、一人で悦《えつ》に入った。

彼はこのときの気持ちを、以下のように詠《よ》んでいる。

衣に摺りし昔の里かかきつばた
ハンケチに摺って見せけりかきつばた
白シャツに摺り付けて見るかきつばた
この里に業平《なりひら》来れば此処《ここ》も歌
見劣りのしぬる光琳屏風《こうりんびようぶ》かな
見るほどに何となつかしかきつばた
去《い》ぬは憂《う》し散るを見果てむかきつばた

自分でもつたない幼稚な句だと言い、書いたことは書いたが、背中に冷や汗がにじんだという（牧野富太郎『牧野富太郎――なぜ花は匂うか』「カキツバタ一家言」）。

同年八月には九州に赴き、英彦山《ひこさん》で植物を採集している。

富太郎の三女・鶴代の話によれば、彼は七十九歳まで、夏の間はほとんど山に登っており、家にいた例《ためし》がなかったという。

帰郷　七十二歳——昭和九年（一九三四）

昭和九年、郷里から嬉しい誘いが舞い込んだ。八月に開催される高知博物学会主催の植物採集会に、講師として招かれたのだ。

富太郎は大変に喜び、久しぶりに故郷へ帰った。これは大正二年（一九一三）以来、二十一年ぶりの帰郷であった。

「牧野富太郎博士が故郷で開催する植物採集会」とあって、高知県外からも会員が駆《か》けつけ、約百五十名もの人々が集まった。

一日目には、高知市の城東《じょうとう》中学校（旧制、現在の高知県立高知追手前高校）での講演と、高知市郊外での植物採集を行なった。

二日目は子どものころから親しんだ横倉山《よこぐらやま》で、三日目は室戸《むろと》岬《みさき》で、植物採集会を開き、約百五十名の参加者を指導しつつ、自身も大いに楽しんだ。

九月には、『牧野植物学全集』の第一巻が、誠文堂《せいぶんどう》から刊行された。この本は三年後、富太郎を朝日文化賞に導くことになる。

翌昭和十年（一九三五）も、多忙な日々を過ごしている。

三月五日に、東京の放送局より「日本の植物」を放送。

八月十七日には富山県の立山《たてやま》で、富太郎を迎えての立山植物研究会が催された。一の越《いちこし》を歩いていると同行者が、「牧野博士が名前をつけられたチョウノスケソウは健在です」と、山の斜面の高山植物を指さした。

チョウノスケソウとは、その名の通り、須川長之助《すがわちようのすけ》（一八四二〜一九二五）が、明治二十二年（一八八九）に立山で採集した高山植物だ。

長之助は、ロシアの植物学者・マキシモヴィッチの研究を支えた植物採集者である。偶然に入ったロシア正教会（現在の函館《はこだて》ハリストス正教会）の主教から、万延《まんえん》元年（一八六〇）の開港直後の箱館《はこだて》（現在の函館市）に来日したばかりのマキシモヴィッチを紹介され、風呂番《ふろばん》兼召使として雇《やと》われたのだ。「チョウノスキー」と呼ばれ、大変に可愛《かわい》がられた。

約三年ほどマキシモヴィッチの植物採集・研究を助けた長之助は、彼が帰国してからも採集を続けた。

チョウノスケソウを発見すると、標本にしてマキシモヴィッチに送ったが、彼はインフルエンザで亡くなってしまった。

だが、偶然に控えの標本と、長之助の採集ノートを見た富太郎が、日本で初めて採集した長之助にちなんで、和名として「チョウノスケソウ」と命名したという。富太郎は腹ばいになって、「名付け親が来たぞ」と、チョウノスケソウに頰《ほお》ずりした。

八月に『植物集説』上巻、十月に『植物分類研究』上巻に加え、『牧野植物学全集』の第二巻、第三巻、第五巻、『趣味の植物採集』、薬学者の清水藤太郎《しみずとうたろう》（一八八六〜一九七六）との共著『植物学名辞典』と、本も続々と刊行された。

この年、富太郎は七十三歳であったが、健康そのものであった。血圧も低く、動脈硬化の恐れもない。老眼にすらなっておらず、医師からは、「あと三十年、生きられる」と言われたという。

彼は自叙伝で、「健康でいられるのは、酒や煙草《たばこ》を嗜《たしな》まなかったからだ」とし、「青年は酒と煙草を止めてほしい。我々は健康に長生きし、与えられた使命を全《まっと》うしなければならない」と訴《うった》えている。

昭和九年に続き、二年後の昭和十一年（一九三六）にも、富太郎は郷里に帰った。富太郎は明治三十五年（一九〇二）にソメイヨシノの苗木《なえぎ》を買い、故郷に送っているが、そのときの苗木が育って花を咲かせた様子を見る機会がなく、残念に思っていた。

そこで意を決して、四月に帰省したのだ。

四月十三日には、高知市の高知会館で催された歓迎パーティーに出席。富太郎が講演で語ったサクラの話は、会場の人々に深い感銘を与えた。

四月十九日には高知市の高見山《たかみやま》に赴き、高知博物学会の会員のために植物採集会を指導した。

富太郎は十二日間に及んで、佐川町《さかわ》と高知市に滞在した。

滞在中は、公的な歓迎会や植物採集会などの行事の他、郷里の佐川で満開のソメイヨシノを肴《さかな》に、幼なじみの友人たちとしみじみと語り合ったり、金峰《きんぷ》神社など、思い出の地にも足を運んだりした。

今までは、岸屋《きしや》を破産に追い込んだという負い目があったかもしれない。だが、郷土の誇りとして迎えられた富太郎は、以後、しばしば佐川に帰郷するようになる。

同月、『植物分類研究』下巻が刊行され、七月二十三日には東京の放送局より「薬用植物」を放送した。

この年の十月には、二年前の九月に第一巻が発行された『牧野植物学全集』の第四巻、第六巻、総索引が刊行された。

この全六巻と総索引一巻の『牧野植物学全集』により、富太郎は大きな栄誉を授《さず》かることになる。翌昭和十二年（一九三七）一月、朝日文化賞に輝いたのだ。

朝日文化賞を受賞　七十五歳――昭和十二年（一九三七）

朝日文化賞とは、朝日新聞社が学術や芸術などの分野で著《いちじる》しい業績を残し、我が国の文化の発展に多大な貢献《こうけん》をした人物を表彰し、贈る賞である。朝日新聞の創刊五十周年記念事業として、昭和四年（一九二九）に設《もう》けられ、「朝日賞」の名称で現在も続いている。

昭和十二年一月十日の『東京朝日新聞』は、富太郎の受賞を、

「不撓《ふとう》（困難にあっても屈しないこと）の努力による栄光
文化日本の珠玉《しゆぎよく》
見よ！　偉大なる業績」
「世界に名声嘖々《めいせいさくさく》

日本植物学の父

国宝学者　牧野博士」

と、彼の業績にふさわしい華々しい見出しで報じた。

またこの年は、富太郎を含め九名が受賞しているが、九名の受賞者を記す際に、「わが植物学界の至宝牧野富太郎」と称して彼を筆頭にあげている。

権威を嫌う富太郎は、民間の朝日新聞社から授与された賞であることを喜んだ。

一月二十五日には、授賞式が朝日新聞社講堂で開かれ、富太郎らに賞牌《しょうはい》と副賞が授与された。

授賞式ののちの講演で、富太郎は割れんばかりの拍手のなか、得意の都々逸《どどいつ》を即興《そっきょう》で披露《ひろう》している。

沈む木の葉も流れの工合　浮かぶその瀬もないじゃない

富太郎は目に涙を浮かべていたという。

長い間、「沈む木の葉」であった富太郎にとって、朝日文化賞は「浮かぶその瀬」

になったのだろう。

富太郎は、成蹊《せいけい》学園の教師の山下助四郎《やましたすけしろう》へ宛てた手紙の最後に、「荊妻《けいさい》（自分の妻をへりくだっていう言葉）が生きていましたら、多年の苦労が報《むく》われたと、大変に喜んだでしょうが、残念です。さっそく墓前に報告するつもりです」としたためている（松岡司『牧野富太郎通信——知られざる実像』）。

十月九日には、ちょっとしたアクシデントに見舞われた。

広島文理科大学の野外実習の講師として、広島の三段峡《さんだんきょう》を訪れた際に、蜂《はち》に襲われ、七カ所も刺されてしまったのだ。

我慢強い富太郎も、さすがに痛かったとみえる。

娘に宛《あ》てたハガキに、

七ところ蜂に刺されて腫《は》れ上がり　痛き記念を残す三峡

という歌を記している。

翌昭和十三年（一九三八）六月には、東京帝国大学教授であった植物学者の三宅《みやけ》驥一《きいち》や、日本菌類学の基礎を確立した東京帝国大学理科大学卒の理科博士・川村清《かわむらせい一《いち》（一八八一〜一九四六）らが、数え年で七十七歳になった富太郎のために喜寿《きじゅ》記念会を催《もよお》し、全国の富太郎ファンから集めた資金で作った記念品を贈呈している。

親しい人々からの祝福は、もちろん嬉しかったに違いない。だが、富太郎が最も喜びを分かち合いたかったのは、妻の壽衛であっただろう。

この年は長崎県、鹿児島県、熊本県、福岡県、兵庫県、愛媛県、広島県、大阪府、高知県で植物採集を行ない、東京の放送局から「松竹梅」「植物名間違物語」「日本の春の花」を放送（「日本の春の花」は海外に向けて放送）されている。十月に深川《ふかがわ》（現在の東京都江東《こうとう》区）の清澄《きよすみ》庭園で開かれた「佐川会」にも出席した。

このころになると、富太郎は植物学界のみならず、一般の人々にも、偉大な植物学者として知られるようになった。

誰もが彼を認め、「植物学界の至宝」と厚く遇《ぐう》した――と言いたいところだが、必ずしもそうではなかったようである。

昭和十四年（一九三九）五月二十五日、七十七歳の富太郎は、長年勤めた東京帝国大学理学部の講師を辞任した。

この辞任にあたり、彼は「少なからず不愉快な曲折《きょくせつ》」があったと自叙伝で述べている。

講師の富太郎に停年はない。彼に何が起こったのか。彼はなぜ、講師を自《みずか》ら辞したのだろうか。

東京帝国大学の講師辞任　七十七歳――昭和十四年(一九三九)

七十七歳の富太郎が、自ら第一線を退くこと自体は、それほど不思議ではない。自叙伝にも、富太郎は年齢のこともあり、以前から後進に途《みち》を開くために、講師を辞そうと考えていたと記されている。

だが、「何十年も恩を受けた師に対しては、相当の礼儀を尽くすべきが人の道だろう」「権力に名をかり、一事務員を遣《つか》わして、執達吏《しったつり》のごとき態度で、私に辞表提出を強要するが如《ごと》きことは、許すべからざる無礼《ぶれい》であると私は思う」とも綴《つづ》られており、前述のように「少なからず不愉快な曲折」があったようである。

なお、退職時の月給は七十五円であり、この金額は世の中の人々を驚かせた。

「世界的植物学者・牧野富太郎博士の辞任」のニュースは、大新聞はもちろん、地方新聞まで大きく取り上げられている。

昭和十四年七月二十五日の『東京朝日新聞』では、

四十七年勤めて月給七十五円
東大を追われた牧野博士
深刻な学内事情の真相をあばく

という、ややセンセーショナルな文言のもと、記者と大学の内部事情に詳《くわ》しい知人との問答形式の記事が掲載された。

記事を要約すると、五月のある日、東大泉《ひがしおおいずみ》にある富太郎の自宅に、東京帝国大学理学部長・寺沢寛一《てらさわかんいち》（一八八二～一九六九）の代理と称する男が訪れた。

この男を新聞では「理学部植物学教室の事務員」としているが、植物学教室の助手M・Sであったという（上村登『花と恋して――牧野富太郎伝』）。

男は富太郎に向かって、「先生は辞表を出したいと仰《おつしや》っていたが、大学側も待っているから、今日、出してくれないか」との主旨を告げた。

これだけでも充分に失礼であるが、男にはこれ以外にも礼を欠く物言いがあったようだ。温厚な富太郎も怒り心頭《しんとう》に発し、隣の部屋で聞いていた彼の娘・鶴代も飛び出して、「老人に何という失礼なことをなさるのです！　お帰りなさい！」と、泣き出したほどであったという。

男は大学に逃げ帰ったが、富太郎はすぐに辞表を書いた。富太郎は辞任について詳しくは語っていないが、もともと辞める気があったうえに、今回の件で、大学への未練は完全に断ち切れたのかもしれない。

富太郎が大学へ辞任のあいさつに赴くと、意外な事実が判明した。理学部長の寺沢寛一は、富太郎が辞任に至った事態の背景を、ほとんど知らなかったのだ。

よって、この事件は、富太郎を追い出したい植物学教室の某教授の企《くわだ》てらしいとの疑惑が深まったという。

これが真相か否《いな》かはわからないが、いずれにせよ富太郎は、東京帝国大学理学部の講師の座を自ら退いた。

明治二十六年（一八九三）の助手就任から数えて四十七年、植物学教室に出入りするようになった明治十七年（一八八四）から数えると五十年以上もの長きにわたって過ごした思い出深き場所を去った富太郎は、次のような歌を発表している。

長く住みて黴《かび》の古屋を後に見て　気の清《す》む野辺の吾《われ》は呼吸《いき》せん

だが、大学は辞めても、植物の研究まで止めるつもりはなかった。富太郎は、

朝夕に草木を吾の友とせば　心淋《さび》しき折節もなし

という歌を詠んでいるが、この歌のように「朝な夕なに草木を友にすれば淋しい暇もない」と、気持ちも新《あら》たに、よりいっそう研究に打ち込むのだった。

転落事故　七十八歳――昭和十五年（一九四〇）

富太郎の辞任騒動で揺れた昭和十四年（一九三九）は、九月一日にドイツが突如《とつじょ》としてポーランドへ侵攻、二日後に、ポーランドと相互援助条約を結んでいたイギリスとフランスがドイツに宣戦布告し、第二次世界大戦がはじまった年である。

翌昭和十五年九月には、日独伊三国同盟がベルリンで調印された。

日独伊三国同盟とは、その名の通り、日本・ドイツ・イタリアの三国間で結ばれた、主にアメリカに対抗するための軍事同盟である。

この同盟により、日本、ドイツ、イタリアは、お互いの指導的地位を認め合い、

三国のいずれかが現在戦っていない国から攻撃された場合、政治的・軍事的に相互援助することが取り決められた。

のちの太平洋戦争開戦後、ドイツとイタリアがアメリカに宣戦布告したのは、この同盟による。

日本にも大きな戦争の嵐が迫っていた。

混沌《こんとん》とした世界情勢のなかでも、富太郎は植物学の研究や普及に努めた。昭和十五年六月三十日には、兵庫県の六甲《ろっこう》高山植物園で講話、七月には宝塚《たからづか》植物園に出張し、コツブウキクサ（ミジンコウキクサ）を貰《もら》っている。

病気知らずの富太郎だが、九月には「危《あや》うく植物と心中するところでした」と手紙に綴るほどの、大怪我《おおけが》に見舞われた。

福岡県と大分県の県境に位置する、標高約千百三十一メートルの犬ケ岳《いぬがたけ》でシャクナゲを採集しようとしたところ、崖《がけ》から転落したのだ。

岩の上に落ち、脊髄《せきずい》をしたたかに打った。

壮健《そうけん》な富太郎の体も、さすがにダメージが大きく、別府《べっぷ》温泉で、三ヶ月間の療養を余儀《よぎ》なくされている。

転落による脊椎《せきつい》カリエス（脊椎の結核症）も懸念《けねん》されたが、富太郎はなんとか快復し、同年十二月三十一日に東京へ戻った。

植物との心中なら本望かもしれないが、まだそれには早かったようである。

別府での療養中には、富太郎の植物研究の集大成ともいうべき、不朽の名作が刊行された。現代においても読まれ続けている『牧野日本植物図鑑』である。

『牧野日本植物図鑑』刊行　七十八歳——昭和十五年（一九四〇）

『牧野日本植物図鑑』は、「出版したなかで、一番広く世人に愛読された」と富太郎も自負する、日本の植物図鑑のベストセラーである。現在でも、ほとんどといっていいほど多くの公共の図書館や小中学校の図書館などに所蔵されているので、一度は目にしたことがあるという人も多いのではないだろうか。

三千二百六もの図版が掲載されているうえに、植物名の由来など、その植物にまつわる様々な情報も盛り込まれており、読み物としての評価も高い。

この『牧野日本植物図鑑』は、昭和六年（一九三一）一月から執筆が開始され、昭和十五年十月二日に、北隆館《ほくりゅうかん》から出版された。富太郎、七十八歳の年のことである。

なお、発行を九月二十九日とする文献も多いが、初版本の奥付には「九月二十九日印刷・十月二日発行」とある（佐川町立青山文庫『牧野富太郎からの手紙　第一巻』）。「牧野」を冠しているが、この図鑑は富太郎一人が著《あらわ》したわけではない。

東京帝国大学植物学教室の中井猛之進《なかいたけのしん》教授（一八八二〜一九五二）を中心に、三宅驥一や川村清一、岡村周諦《おかむらしゅうてい》（一八七七〜一九四七）ら、当時の第一線の植物学者たちの英知が結集している。彼らが専門分野ごとに下書きした原稿に、富太郎が手を加えて書き直した。

富太郎は、執筆協力者の名前を序文に列記し、感謝の念を表した。

当初、富太郎は彩色図での作製を考えていたようであるが、戦時中のため物資が調《ととの》わず、実現しなかった。

そんなこともあってか、図鑑は大好評でも、富太郎には満足できるものではなかった。初版発行当時から、増補・改訂が念頭にあったといわれる。

『牧野日本植物図鑑』は、昭和三十年（一九五五）には二十四版目となる『増補版・牧野日本植物図鑑』が出版されるなど、改訂・増補により版を重ねていった。

なお、版元である北隆館との関係は良好で、北隆館の経理部には富太郎の生活費や書籍代の処理を行なう「牧野富太郎担当」が置かれていたという（高知新聞社編

『MAKINO』）。

翌昭和十六年（一九四一）は太平洋戦争が勃発《ぼっぱつ》する年であるが、その前に富太郎には喜ばしいことが続いている。

まず、南満洲《みなみまんしゅう》鉄道株式会社（通称・満鉄。以下、満鉄と表記）から、満洲の吉林《きつりん》（現在の中華人民共和国の東北部）のサクラが、大変に種類が多いうえに美しいので、調査してほしいという依頼が舞い込んだ。

満鉄とは、明治三十九年（一九〇六）に設立された、日本の満洲経営の中核となった半官半民の国策会社である。

前年に犬ヶ岳で大怪我をしたばかりであるが、植物のなかでも、とりわけサクラを愛する富太郎が断るはずもない。亡き壽衛に代わって、富太郎の身の回りの世話をしている三女の鶴代とともに、海を渡ることに決めた。富太郎は、七十九歳になっていた。

満洲へ　七十九歳——昭和十六年（一九四一）

満鉄が、富太郎にサクラの調査を依頼したのにはわけがある。

富太郎の三女・鶴代によれば、満鉄が吉林のサクラを昭和天皇に献上《けんじょう》したところ、大変お気に召した。「ぜひ研究するように」とのお話であったので、満鉄は富太郎に調査を依頼したのだという。

こうして、昭和十六年五月一日、富太郎と鶴代は満洲国へと旅立った。

このときの富太郎の荷物は、胴乱《どうらん》や野冊《やさつ》（採集した植物を挟む用具）などの採集用具を除けば、スーツケース一つのみだった。もっとも帰りの荷物は、採集した植物標本によって行きの何倍もの量に膨《ふく》れあがることになるのだが。

まず二人は、駆けつけた多くの人々が見送るなか、東京駅発の臨時特急「つばめ」で、神戸へと向かった。

その夜は神戸で一泊。翌二日に日満連絡船「黒竜丸《こくりゅうまる》」に乗船し、満洲国を目指した。

揺れる船のなか、富太郎は満洲のサクラや未知の植物との出会いに胸躍らせ、

吉林の桜を恋いて旅路かな

と一句、口ずさんでいる。

やがて、富太郎らは大連《だいれん》（現在の中華人民共和国遼寧省《りょうねい》）に上陸。関係者や現地の富太郎ファンから大歓迎された。

中国大陸の植物を見た富太郎は狂喜乱舞《きょうきらんぶ》し、まるで「植物に飛びつくよう」だった。鶴代は、そのときの富太郎の姿が忘れられないという。

鶴代や周囲の者が心配するほど、昼間は植物採集に、夜は標本作りに熱中した。それは吉林に入ってからも、変わらなかった。

旅の目的である吉林のサクラは、満開で富太郎らを迎えた。

吉林の老爺嶺《ろうやれい》へサクラを見に行く前夜、富太郎はチフスの予防注射により四十度の熱を出していた。

しかし、「明日の朝行かなければ、散ってしまう」と、熱を押して出かけている。無理をした甲斐《かい》があって、老爺嶺のサクラは富太郎の心をとらえたようである。

　老爺嶺今日ぞ桜の見納めと　涙に曇るわが思いかな

と詠んでいる。

富太郎は「マンシュウヒデノ」「ニャンニャンザクラ（娘々桜）」など、たくさんの吉林のサクラに命名している（上村登『花と恋して――牧野富太郎伝』）が、昭和天皇がお気に召したサクラには、「献上桜」と名付けた。

鶴代は「これが一番いい名」と感じたという。

こうして、富太郎らは四十日間の滞在を終え、柳行李《やなぎごうり》八個分にもなる、約五千点の採集した植物の標本とともに、六月十五日に門司《もじ》に帰国した。

帰国した富太郎は、新たな栄誉を授かる。同月、国民学術協会から表彰されたのだ。

牧野植物標品館　七十九歳――昭和十六年（一九四一）

富太郎は、国民学術協会という民間アカデミーの団体から『牧野植物学全集』や『牧野日本植物図鑑』の出版などの輝かしい業績を表彰された。

民間の団体からの表彰を、富太郎は大変に喜んだ。

スケールの大きいプレゼントも届いた。

同年十一月に、東大泉町（大泉村は昭和七年に五町に分かれたため、富太郎の自宅は東大泉町となった）の富太郎の自宅内に、木造三十坪《つぼ》、灰色ペンキ塗り、赤屋根の

「牧野植物標品館」が寄贈されたのだ。

寄贈したのは、安達式挿花《あだちしきそうか》を創始した華道家の安達潮花《ちょうか》（一八八七〜一九六九）である。彼は、日ごろから富太郎を深く尊敬していた。

標品館の建設にあたっては、富太郎が指導する東京植物同好会のメンバーで陸軍技術研究所に属する長沢重五中将（一八九〇〜一九六一）、富太郎と同じく高知県出身の動物学者の田中茂穂《たなかしげほ》（一八七八〜一九七四）、歌人の中河幹子《なかがわみきこ》（一八九五〜一九八〇）などが手伝っている。

さらに、池長孟《いけながはじめ》から、池長植物研究所で保管していた約三十万点の標本が返還された。

これにより、五十四歳のときに手元を離れた富太郎の標本は、二十五年という長い年月を経て、七十九歳となった彼のもとに戻ってきたのだ。富太郎は、

気になった我が子戻りし歓喜かな

と色紙に揮毫《きごう》（毛筆で字などを書くこと）している。

壽衛は生前、邸内《ていない》に標品館を建てることを夢見ていた。死後、十三年目にして、

多くの人々の尽力によって、彼女の願いは叶《かな》ったのだ。

喜ばしいことが続いた昭和十六年だが、最後に大きな悲劇が待っていた。

十二月八日、太平洋戦争がはじまったのである。

太平洋戦争　八十～八十二歳――昭和十七～十九年（一九四二～一九四四）

日本は、昭和十六年（一九四一）十二月一日の御前《ごぜん》会議により、最終的にアメリカ・イギリス・オランダとの開戦を決定。

日本陸軍は十二月八日にイギリス領マレー半島に上陸、海軍はアメリカ海軍の重要基地・ハワイの真珠湾《しんじゆわん》を攻撃し、アメリカ・イギリスに宣戦布告。太平洋戦争が勃発した。

三日後、日独伊三国同盟により、ドイツとイタリアもアメリカに宣戦を布告。第二次世界大戦は空前絶後の大戦争となった。

戦争中でも、富太郎は植物研究一筋の生活を送った。

昭和十七年の七月ごろには、病《やまい》により体調を崩《くず》した。だが、無事に快復したようで、翌昭和十八年（一九四三）には「頗《すこぶ》る元気旺盛《おうせい》で、まったく老人のような気がしない」と自叙伝に記している。八十歳を超えても、基本的には健康であったようだ。

気持ちも若い。牧野翁とか、牧野叟とか、牧野老とか署するのは大嫌いで、他人からも呼ばれたくない。髪は冬の富嶽《ふがく》のごとく白くなっても、心は夏の樹木のように緑翠《りよくすい》であると自負し、「葉鶏頭《はげいとう》（老少年）」という植物が自分を表象していると述べている。

昭和十八年の八月には『植物記』が、翌昭和十九年四月には『続植物記』が、それぞれ桜井《さくらい》書店から刊行された。食糧不足が深刻化しており、野生植物食用化の普及指導にもあたっている。

昭和十八年は、悲しい別れも訪れた。十月十四日に、長年の親友・池野成一郎《いけのせいいちろう》が亡くなったのだ。

池野が死去する数日前、富太郎は野原茂六《のはらもろく》とともに、池野の大好物である虎屋《とらや》の餅菓子《もちがし》を一折携《たずさ》えて、見舞いに訪れている。

池野は餅菓子を、一個つまんで口にした。そして、「残りは、後の楽しみにしよう」と看護婦（師）に預けたので、富太郎らが大変に喜んだ矢先のことだった。

享年《きようねん》七十七。富太郎が成功すれば自分のことのように喜び、逆境に陥《おちい》れば庇《かば》い、励《はげ》ましてくれた、まことに得がたい友人だった。

やがて戦争はますます激しくなり、昭和十九年十一月には空襲警報が頻繁《ひんぱん》に鳴り響くようになる。富太郎は三女・鶴代に連れられて、たびたび防空壕《ぼうくうごう》に入った。

鶴代の話によれば、東大泉辺りは爆弾が落とされない日はないほど、毎日毎日、爆撃に見舞われた。毎晩、父・富太郎を防空壕に連れていったという。

あまりの空襲の激しさに、鶴代は富太郎を早く安全な田舎に疎開《そかい》させたいと思った。

しかし富太郎は、「標本と書籍と心中する」「ここで一緒に死ぬのだから、疎開など必要ない」などと言い張り、頑《がん》として東大泉の家を離れようとしなかった。

そのうち富太郎は、人生で初めて重い神経痛を患《わずら》い、動けなくなった。毎夜、防空壕に入っていたため、冷えてしまったのが原因だという。

それでも、爆撃が続くので、鶴代は動けない富太郎を防空壕へ連れて行かなければならず、かなり苦労したようだ。

このような状況となっても、富太郎に東大泉の家を出る気はなかったが、頑固な彼の決意すら覆《くつがえ》すような大事件が起きた。

戦争も終盤にさしかかった昭和二十年（一九四五）四月、アメリカ軍の爆撃機・

B29の空襲により、爆弾が牧野邸内の標品館付近に落下。標品館の一部が被弾《ひだん》し、破壊されたのだ。

疎開　八十三歳——昭和二十年（一九四五）

B29は、富太郎の家を狙《ねら》ったわけではない。彼の家の近くには、のちの東京学芸大学となる「大泉師範学校」があり、それを兵舎と間違えて攻撃したのだといわれる（上村登『花と恋して——牧野富太郎伝』）。

この爆撃により、さすがの富太郎も、命を失っては研究も続けられないと観念した。

同年五月、富太郎は山梨県北巨摩郡穂坂村《きたこまぐんほさかむら》（現在の山梨県韮崎《にらさき》市穂坂町）にある、東京帝国大学理学部植物学科卒の遺伝学者・篠遠喜人《しのとおよしと》（一八九五〜一九八九）の親戚の家に疎開した。

疎開先は農家の養蚕室《ようさんしつ》だった。富太郎はそこに書籍と標本を積み重ね、その真んなかにリンゴ箱を二つ並べて机の代わりとし、来る日も来る日も、書き物をして過ごした。

別棟には、若き日に植物学教室で研究をともにした藤井健次郎《ふじいけんじろう》も疎開しており、農家の縁側《えんがわ》に並んで座り、B29が富士山を回って東京へ爆撃に向かうのを眺める二人の姿がよく見られたという。そこから四キロメートルほど離れた地には、東京帝国大学理学部分室も疎開していた。

研究は続けられたが、食糧は豊富ではなかった。

富太郎は郷里の友人である吉永虎馬《よしながとらま》（一八七一～一九四七）宛ての六月二十三日付の手紙に、

きのふまで人に教へし野の草を　吾も食はねば命つゞかず

としたためている（松岡司『牧野富太郎通信――知られざる実像』）。

富太郎は栄養失調となり、体中にむくみができ、鶴代を心配させた。

このまま戦争が続けば、さすがの富太郎も体がもたなかったかもしれない。

だが、同年八月十五日、太平洋戦争は終結した。富太郎は太平洋戦争を生き延びたのだ。

疎開先で終戦を迎えた富太郎は、すぐに東京に帰りたがった。しかし、終戦直後は世情も不安定で危険ということで、十月までは疎開先で過ごした。

そうして十月二十四日、富太郎は約半年ぶりに東大泉の自宅に戻った。

富太郎はかなり体が衰弱していたが、自宅が戦災にも遭わず、もとのままであったことがわかると、たちまち快復。疎開先から帰ってきたその日に、『植物一日一題』の原稿を書きはじめたという。富太郎、八十三歳の年のことである。

彼の植物一筋の人生は、まだまだ続く。

ニューヨーク植物園園長・ロビンソン博士の訪問　八十四〜八十六歳

――昭和二十一〜二十三年（一九四六〜一九四八）

疎開先から戻って以来、富太郎は新世界に生まれかわったような気持ちになっていた。

年齢的に、これから先、そう長くも生きられず、研究に費《つい》やせる時間も少ないことを自覚し、健康でいられる間に、一心不乱に働こうと誓った。

昭和二十一年五月、八十四歳の富太郎は、長年積み重ねた知識を伝えるために、個人雑誌『牧野植物混混録《こんこんろく》』の刊行をはじめた。

自叙伝によれば、富太郎はこのころ、食事や来客、何か用事のあるとき以外は、書斎の南窓の下の机に座り、植物を検《けみ》したり、写生図を描いたりしていたという。夜はたいてい一時、二時まで研究し、それが三時になることも、ときには徹夜をすることさえあった。

それでも、疲れを覚えないことを、何より幸せだと喜んでいる。

「人間は、足腰の立つ間は、社会に役立つ有益な仕事をせねばならん」と言い、

何時までも生きて仕事にいそしまん　また生まれ来ぬこの世なりせば
何よりも貴とき宝持つ身には　富も誉《ほま》れも願わざりけり
百歳に尚《なお》道遠く雲霞

という歌や句を記している。

昭和二十二年（一九四七）には、『牧野植物混混録』が第五号まで出版された他、六月に、『牧野植物随筆』が鎌倉書房から刊行されている。

同年八月、牧野邸にアメリカ製の大きなジープが横付けされた。ジープから降りてきたのは、ニューヨーク植物園の園長を務める、V・J・ロビンソン博士であっ

た。ニューヨーク植物園は、世界三大植物園の一つとして知られる。

ロビンソン博士は富太郎と堅い握手を交わした。

「牧野富太郎博士」の名は世界の植物学者に響き渡っており、来日すると、彼のもとを訪ねる者も多かったのだ。

昭和二十三年は、『牧野植物混混録』が第九号まで刊行された他に、七月には壮文社から『趣味の植物誌』が出版されている。

さらに、この年の秋には、一生忘れられない経験が待ち構えていた。皇居に参内《さんだい》し、昭和天皇に植物学をご進講《しんこう》したのだ。

昭和天皇にご進講　八十六歳――昭和二十三年（一九四八）

牧野邸に宮内庁《くないちょう》から、「皇居へ上がり、天皇陛下に植物学をご進講するように」との電話がかかってきたのは、昭和二十三年の秋のことである。電話を受けたのは、三女・鶴代だった。

昭和天皇は生物学者として知られるが、植物にも強い関心を抱《いだ》き、造詣《ぞうけい》が深かった。富太郎の図鑑を手に、庭園の植物を観察されていたともいわれる。

十月七日、富太郎は皇居に参内した。昭和天皇とともに吹上御苑《ふきあげぎょえん》を歩き、植物について説明した。

ご進講が終わると、昭和天皇は「あなたは世界の植物学界にとって大切な人で、国の宝です。ご高齢ですから、お体を大切に、もっともっと長生きしてください」と仰った。

温かいお言葉に感激した富太郎は、このときの話を何度も何度も繰り返し語ったという（上村登『花と恋して――牧野富太郎伝』）。

ご進講の際に富太郎が纏《まと》ったコートは、平成二十四年（二〇一二）十二月から、翌平成二十五年（二〇一三）三月にかけて、東京・上野《うえの》の国立科学博物館で開催された、生誕百五十年を記念する特別展「植物学者牧野富太郎の足跡と今」において、展示された。

昭和二十四年（一九四九）は、富太郎が数え年で八十八歳の年であり、彼の米寿《べいじゅ》を祝う宴が京橋《きょうばし》バンガローで開催された。

四月には、北隆館から『学生版　牧野日本植物図鑑』が出版された。これはその名の通り、主に高校生を対象に、『牧野日本植物図鑑』を植物に詳しくない一般の人でも理解できるように書き換えたものである。

充実した米寿の年を過ごしていた富太郎だが、六月に大異変に見舞われる。急性大腸《だいちょう》カタルで倒れ、医師に臨終《りんじゅう》を宣言されたのだ。

危篤《きとく》　八十七～八十八歳――昭和二十四～二十五年（一九四九～一九五〇）

昭和二十四年六月二十六日付の高知新聞朝刊によれば、「二十三日、急性腸カタルにおかされ高熱を発し、二十四日の早朝から意識不明に陥り、同日夕刻、重体となった」という。記事には「陛下が富太郎を大変に心配している」という、昭和天皇侍従《じじゅう》の談話も載せている（高知新聞社編『ＭＡＫＩＮＯ』）。

主治医はなんとか助けようと、必死の治療を行なったが、富太郎の容体《ようだい》はどんどん悪化し、危篤に陥った。

ついには脈もなくなり、目を閉じたので、主治医は臨終を告げた。

枕元には身内の者などが集まっていたが、そのうちの誰かが死に水として、大量の水を彼の口に含ませた。

すると、富太郎はそれを「ゴクン」と飲み、息を吹き返したのだ。奇跡の復活である。

その後、たちまち元気を取り戻し、再び、研究に勤《いそ》しむ日々がはじまった。

奇跡の復活を果たした富太郎には、数々の栄誉と吉報が待ち受けていた。

翌昭和二十五年五月には、『図説普通植物検索表』が千代田《ちよだ》出版社から刊行された。また、十月には日本学士院会員に推選された。

日本学士院とは、学術上の功績がめざましい科学者を顕彰《けんしょう》し、優遇する機関だ。明治十二年（一八七九）に福沢諭吉《ふくざわゆきち》（一八三五〜一九〇一）を初代会長として創設された「東京学士会院」を前身とする。学者たちの殿堂《でんどう》といっていいだろう。

この学者としての栄誉を受けた富太郎は、「あの老人たちの仲間入りをするのか」と笑ったという。彼は八十八歳になっていた。

牧野富太郎博士植物標本保存委員会　八十九歳――昭和二十六年（一九五一）

翌昭和二十六年一月には、文部省が「牧野富太郎博士植物標本保存委員会」を設置した。

これは文字通り、富太郎が蒐集《しゅうしゅう》した標本を整理・保存するための組織である。

富太郎の標本は約四十万点にも及ぶ。これらは、学術的に貴重なだけでなく、標本としての質も高く、芸術といってもよいレベルであった。

ところが、ただ一つ、大きな問題が存在した。

彼の標本は、採集した場所や年月日などのデータがまったく記されていないか、記入されていたとしても、ごく簡単なメモしかないものが、大部分だったのだ。

富太郎は標本を見るだけで、採集場所や年月日、生育環境や採集の同行者に至るまで、すべて思い出せたという。ゆえに、富太郎の研究に支障はなかった。

しかし、そんなことは、植物の精・牧野富太郎以外には不可能だ。このままでは彼の亡き後、標本の価値が半減してしまう。

それを防ぐために立ち上げられたのが、「牧野富太郎博士植物標本保存委員会」であった。

東京帝国大学出身の薬学博士・朝比奈泰彦《あさひなやすひこ》（一八八一～一九七五）を委員長に、武田《たけだ》薬品工業の富樫誠を専任助手とし、標本整理を行なうことになった。

標本整理は同年七月からスタートしたが、この月には、まことに喜ばしい吉報が舞い込んだ。第一回文化功労者に選ばれたのだ。

第一回文化功労者　八十九～九十二歳

――昭和二十六～二十九年（一九五一～一九五四）

昭和二十六年七月、吉田茂《よしだしげる》（一八七六～一九七六）首相の発案により、文化功労者に文化功労賞年金を支給するという「文化功労者年金法」が制定された。

七月二十一日に第一回の文化功労者が発表され、存命中の文化勲章の拝受者三十五名に加え、新たに長島愛生園《ながしまあいせいえん》の園長・光田健輔《みつだけんすけ》（一八七六～一九六四）と富太郎が選ばれたのだ。理論物理学の湯川秀樹《ゆかわひでき》（一九〇七～一九八一）、日本画の横山大観《よこやまたいかん》（一八六八～一九五八）、小説家の志賀直哉《しがなおや》（一八八三～一九七一）も、第一回文化功労者である。

これにより富太郎は終生にわたり、五十万円（現在の約三百五十万円）の文化功労者年金が支給されることとなった。八十九歳にして、ようやく経済的困窮《こんきゅう》から解放されたのだ。

八月には、吉田茂首相主催の茶会に招待され、出席している。

富太郎への遅すぎる称賛《しょうさん》は続く。

翌昭和二十七年（一九五二）四月には、佐川の生家・岸屋の跡地に、「牧野富太郎博士誕生の地」の記念碑が建設された。

翌昭和二十八年（一九五三）の一月には、老人性気管支炎《きかんしえん》で重体となるが快復し、十月一日には、憲政の神様と称された政治家の尾崎行雄《おざきゆきお》（一八五八〜一九五四）とともに、初の東京都名誉都民に選ばれた。

この尾崎行雄と富太郎の間には、少しばかり因縁《いんねん》があったようである。尾崎は毎年、夏は軽井沢《かるいざわ》（長野県北佐久郡）で避暑していた。軽井沢の自然美を愛する尾崎は、植物採集を嫌っており、富太郎が軽井沢に行くことを快く思っていなかったという。

そんな二人が「仲良く名誉都民に選ばれたのも、不思議な縁だ」と、富太郎は振り返っている（『わが植物愛の記』「長蔵の一喝」）。

九十一歳となり、抱《かか》えきれないほどの名誉を得ても、富太郎は植物研究を止めず、その成果を世に発表し続けた。

同年一月に『原色少年植物図鑑』を、三月にエッセイ『植物一日一題』を、八月に『原色日本高山植物図譜』を刊行。

翌昭和二十九年も、『学生版　原色植物図鑑』の野外植物篇を五月に、園芸植物篇を十二月に発刊している。

だが、あれほど丈夫であった富太郎の体も、米寿を過ぎたころから徐々に衰《おとろ》えをみせ、ついには、どれほど植物採集に行きたくても、どれほど執筆がしたくても、体がついていかなくなった。

富太郎はこの年の十二月に風邪《かぜ》をこじらせ、肺炎《はいえん》をおこした。高齢者の肺炎は、医療が進んだ現代でさえ、大変に危険である。

命こそ落とさなかったものの、以前のような生活には戻れなくなった。

病や老いと闘う日々がはじまった。

病との闘い　九十三歳――昭和三十年（一九五五）

昭和三十年の二月ごろも、富太郎は風邪から肺炎をおこし、主治医らは「今度こそ危ない」と危惧《きぐ》した。

このときマスコミは牧野邸の回りにテントを張り、国民的スターであった富太郎の容体を細かく報道し続けた。

富太郎の生命力は強かった。今回も命を取り留め、徐々に快復していった。

だが、長く病床《びょうしょう》に伏したのと高齢のため、歩行は困難となり、床《とこ》から起きることすら、ままならなくなってしまった。

それでも、寝たまま植物図鑑の校訂をするなど、命ある限り植物研究に携《たずさ》わろうとした。

五月十六日には、牧野邸で富太郎のレントゲン検査が行なわれた。

検査の結果、衝撃的な事実が判明する。

先述のように、富太郎は昭和十五年（一九四〇）に、九州の犬ケ岳での植物採集中に転落事故に遭っているが、このとき、背骨を二カ所も骨折していたことが明らかになったのだ。

富太郎の三女・鶴代によれば、彼は非常に我慢強く、けっして「痛い」と言わなかった。

大分の山でスズメバチに全身を十カ所も刺されたときも、あまりの痛みに眠れなかったが、それでも、「痛い」とか、「苦しい」とかは、いっさい口にしなかった。

背骨の骨折も、「痛い」とはひとことも言わなかったので、鶴代らも気がつかなかったという。

七月には、富太郎が中心となって植物採集を行なってきた「東京植物同好会」

が、「牧野植物同好会」として、活動を再開した。

東京植物同好会は、戦争が終わっても休会したままであり、富太郎はそれを大変気にしていた。そこで、鶴代が同好会の人々と相談し、富太郎を名誉会長とする「牧野植物同好会」として、再スタートを切ったのだ。富太郎は同好会の存続を知ると、大変に喜んだ。

牧野植物同好会の会員たちは七月十日に行なわれた清瀬《きよせ》町（現在の東京都清瀬市）での植物採集の後、富太郎の家にたくさんの植物を届けた。

もはや植物採集に行くことは叶わない富太郎にとって、最高の見舞いの品だっただろう。

このとき、富太郎は九十三歳。残された時間も、少なくなっていた。

富太郎の死　九十四〜九十四歳九ヶ月

――昭和三十一〜三十二年（一九五六〜一九五七）

昭和三十一年四月、高知県高知市五台山《ごだいさん》に、「牧野植物園」が設立されることが決定し、富太郎を喜ばせた。

だが、健康状態は予断を許さないものとなっていた。

五月には幾度も発熱し、六月二十九日には呼吸困難に陥った。だが、この危機は、強心剤の投与により、なんとか乗り越えている。

ところが、七月六日には発熱と呼吸困難に加え、心臓も衰弱する状態にまでなった。完全に危篤状態であったが、そのときも強心剤と酸素吸入で死線をくぐり抜けている。九十四歳とは思えぬ、強靱《きょうじん》な生命力だ。

この月には、昭和天皇から見舞いの品が届いている。魔法瓶《まほうびん》に入ったアイスクリームであった。富太郎の曽孫《ひまご》・牧野一淳《かずおき》は、そのアイスクリームを口にしたという。バニラ味であったようだ（高知新聞社編『MAKINO』）。

八月には、九十四歳になっても揃《そろ》っていた歯が一本、緩《ゆる》んで抜けてしまった。体力の消耗《しょうもう》が原因だという。歯が抜けた後の出血が止まらず、周囲の者を心配させたが、幸いにも止血剤がよく効《き》き、大事には至らなかった。

九月になると東京都が東京都立大学内に、「牧野標本館」を設けることを決定した。富太郎は標本の焼失や、ネズミや害虫などによる破損を恐れ、できるなら国が運営する標本館に収められることを望んでいた。大切な標本の行く末が定まり、病床の富太郎もほっとしただろう。

十月十一日には、腎盂炎《じんうえん》や腎臓結石《けっせき》のため、昼ごろから急な発熱に見舞われた。尿路閉塞《にょうろへいそく》まで発症し、このころから目に見えて衰弱していく。

十二月十七日、高知県佐川町では、富太郎を「佐川町名誉町民」とすることを決めたが、この日彼は心臓喘息《ぜんそく》をおこし、衰弱に拍車をかけた。

富太郎は病状が少しでも落ち着くと、植物の写真を持ってこさせ、それを眺めていた。だが、そんなささやかな楽しみすら許されないほど、富太郎の体は衰弱していた。主治医は彼のこれ以上の疲労を避けるため、睡眠薬を投与した。

富太郎は少しずつ水を飲んでは眠り続けて、昭和三十一年を生き延びた。

年が明けて、昭和三十二年一月十七日、富太郎の容体は急変し、東京大学医学部の主治医らが、牧野邸に駆けつけた。

富太郎は、呼吸困難や循環器不全を発症し、危篤状態に陥っていた。

「もう一時間くらいしか、もたない」との診断が下されたが、それから十八時間も生き続け、翌日を迎えた。

「牧野先生の生命の限界がわからない」と主治医たちは口を揃え、「このごろは、翁《おきな》（富太郎のこと）の底知れぬ生命力にまどわされて、自分の診断までおかしくなりそうだ」と漏《も》らしたというが、さすがの富太郎も、ここまでだった。

一月十八日午前三時四十三分、日本植物学の父・牧野富太郎は、九十四年と九ヶ月におよぶ、長い長い人生に幕を下ろした。

一月十九日付の高知新聞によれば、富太郎の頭上には、彼が一番好きだったといわれる土佐のヤマモモを描いた日本画の額がかかり、まわりには最期の瞬間まで手放さなかった植物学の書籍が山のように積み上げられ、庭先ではスエコザサが冬空に震えていたという（高知新聞社編『ＭＡＫＩＮＯ』）。

コラム⑤

高知県立牧野植物園

高知県立牧野植物園は、世界的植物学者・牧野富太郎博士の業績の顕彰を目的とし、彼が逝去《せいきょ》した翌年の昭和三十三年（一九五八）四月に開園した。

植物園の建設に関しては、富太郎の生前の昭和二十六年（一九五一）ごろから、話題にのぼっていた（白岩卓巳『牧野富太郎と神戸』）。

そのとき富太郎は、「植物園なら五台山がええ」と語っているが、牧野植物園はその五台山にある。

約八ヘクタールの園地には、高知県の植物を中心に、富太郎ゆかりの野生植物など約三千種が植えられ、四季ごとに異なった姿で、訪れる人々を迎えてくれる。

平成十一年（一九九九）には園地面積を拡張し、「牧野富太郎記念館」が新設された。

牧野富太郎記念館は、本館と展示館に分かれている。

本館には、富太郎の蔵書や遺品など約五万八千点を収めた「牧野文庫」の他、図書室、五台山ホール、アトリエ実習室や映像ホールなどがある。

蔵書は、はじめ東大泉（東京都練馬区）の富太郎の自宅にあったが、彼の没後、昭和三十五年（一九六〇）十一月に、牧野植物園へ移された。

当時の高知の人々は、「牧野博士の帰郷を迎えるように、蔵書も迎えたい」と考えた。まず、知事らが高知駅に到着した蔵書を出迎えた。そして、八台のトラックに分けて、白バイに先導され、五台山へ向かったと伝えられる（練馬区公園緑地課『花在れバこそ吾れも在り』）。

展示館の常設展示室には、植物図や著書、写真などで富太郎の生涯や業績を紹介する「牧野富太郎の生涯」と、体験型展示が設営されている。

富太郎はこの植物園の建設を大変に楽しみにしていたが、園名は牧野植物園ではないほうが、よかったようだ。

彼が九十一歳のときに同郷の武井近三郎《たけいちかさぶろう》へ送った、昭和二十八年（一九五三）十二月二十九日消印のハガキには、園名は高知植物園が最も適していて、「牧野植物園では名があまりドットしません（原文ママ）」と書かれている、同じ宛先《あてさき》の翌昭和二十九年（一九五四）一月十四日消印のハガキにも、「高知植物園とした方が同情心がある」と、したためられている（武井近三郎『牧野富太郎博士からの手紙』）。

牧野植物園は植物を愛し、富太郎を慕《した》い憧《あこが》れる人々の憩《いこい》の場となっており、園名は少しばかり気に入らないかもしれないが、彼もきっと喜んでいるだろう。

コラム⑥

東京都立大学　牧野標本館

牧野富太郎の遺族が寄贈した約四十万点の植物標本を中心に、約五十万点の標本を所蔵する、東京都立大学（東京都八王子《はちおうじ》市）に設置された施設。

富太郎の標本は、第二次世界大戦の戦災によって一部が破壊されたが、貴重な標本を保存しなくてはならないという声が高まり、戦後の昭和二十六年（一九五一）、文部省は「牧野富太郎博士植物標本保存委員会」を立ち上げた。

富太郎の標本は整理されておらず、新聞紙の間に挟《はさ》まれ、その上に採集記録の簡易なデータが記入されただけの状態であったため、植物名を同定し、ラベルを作り直して台紙に貼付《ちょうふ》するという作業が、二十年以上をかけて行なわれた。

その後、昭和三十一年（一九五六）には、東京都が「牧野標本館」の設置を決定。昭和三十三年（一九五八）に、東京都立大学の施設として牧野標本館が設立された。

現在は整理をほぼ終え、重複標本以外の約十六万点余の牧野標本が、標本庫に収蔵されている。

重複標本も処分するわけではない。国内外の標本館との標本交換に使われるのだ。

多くの新たな標本を得ることができ、役立っている。

牧野標品本館の所蔵点数のうち、約三分の一は牧野標本である。

牧野標本の中には、現在はもう野外では見られない絶滅した植物、および、絶滅の危機の瀕《ひん》している植物も少なくない。

館内には、ロシアのコマロフ植物研究所標本館からの交換標本である約二千七百点のシーボルトコレクションも所蔵されている。

コラム⑦ 今も生き続ける『牧野日本植物図鑑』

昭和十五年（一九四〇）に刊行された富太郎の代表作『牧野日本植物図鑑』は、彼の死後も版を重ねながら、進化を続けている。

富太郎はカタカナ交じりの「文語体」を使っていて、戦後の教育を受けた人には読みづらかったため、昭和三十六年（一九六一）に、現代表記のわかりやすい文章に変えた『牧野新日本植物図鑑』が出版された。

一九八〇年代には、植物図に細密なカラーを施《ほどこ》した『原色牧野日本植物図鑑』。

平成元年（一九八九）には、『牧野新日本植物図鑑』に加筆し、五千種以上の植物を掲載した『改訂増補　牧野新日本植物図鑑』。

平成二十年（二〇〇八）には、『新牧野日本植物図鑑』。

平成二十九年（二〇一七）には、DNA解析による最新の分類を取り入れた大改訂版となる『新分類牧野日本植物図鑑』が刊行されている。

このように、富太郎の分身ともいうべき牧野の名を冠した『牧野日本植物図鑑』は、時代とともに進化し、今も生き続けている。

終章

富太郎《とみたろう》の郷里・高知県佐川《さかわ》町の各学校では、彼の死を悼《いた》んで、授業の前に生徒や児童が黙禱《もくとう》を捧《ささ》げた。佐川小学校では、富太郎の銅像の清掃が行なわれた（高知新聞社編『MAKINO』）。

富太郎は、死去した昭和三十一年（一九五六）一月十八日付で従三位勲二等《じゅさんみくんにとう》に叙《じょ》され、旭日重光章《きょくじつじゅうこうしょう》と、文化勲章が授与された。彼を慕《した》う者たちからは、「生きているうちに授与してほしかった」との声も漏《も》れた。

葬儀は一月二十二日、東京の青山《あおやま》葬儀場で行なわれた。戒名《かいみょう》は「浄華院殿富嶽穎秀大居士」が贈られている。

富太郎の墓は、壽衛《すえ》の墓と並んで、東京都台東《たいとう》区谷中《やなか》の天王寺《てんのうじ》墓地の中にある。

壽衛の墓には富太郎が詠んだ、

家守りし妻の恵みや我が学び　世の中のあらむかぎりやすゑ《え》子《こ》笹《ざさ》

の歌が刻まれているが、富太郎の墓には背に経歴が書かれている。

運命の皮肉なのか、隣接する都立谷中霊園には、若き日の富太郎を植物学教室から追放した矢田部《やたべ》良吉《りょうきち》教授の墓もある。

天国では、わかり合えただろうか。

佐川町にある古城山の中腹には、分骨された彼の墓が建つ。

この墓の近くには、富太郎の年譜と、「草を褥《しとね》に木の根を枕　花と恋して九十年」と刻まれた碑がある。

「草を褥に木の根を枕　花と恋して五十年」とは、富太郎が植物研究の五十周年にあたり詠んだ句であるが、五十年どころか九十歳を過ぎても、この恋は醒《さ》めなかった。それゆえ、碑の句は「九十年」なのだろうか。

東京都は富太郎の偉業を後世に伝えるため、彼が約三十年の長きにわたって暮らした牧野邸を、「牧野記念公園」として保存するという意向を、彼が没してから僅《わず》か三ヶ月足らずで表明した。

このような短期間で決定が下されたのは、富太郎の人気と人徳のなせる業《わざ》だろう。

昭和三十二年（一九五七）十二月に、遺族と東京都知事との間で売買契約が交わされた。

翌昭和三十三年（一九五八）四月ごろ、東京都による庭園整備が終わり、練馬区《ねりま》からの強い要請《ようせい》を受け、練馬区へ正式に移管された。

同年十二月一日、牧野記念庭園が開園。開園式は、庭園の近くにある東京学芸大学附属大泉《おおいずみ》小学校の講堂で行なわれた。

開園式には東京都知事をはじめ、東京都立大学総長、練馬区議会や区役所の関係者に加えて、富太郎の遺族や彼とゆかりの研究者、報道関係者など百七十人が招待されたという。

薬学博士で富太郎の『植物研究雑誌』を引き継いだ朝比奈泰彦《あさひなやすひこ》ら日本の植物学界を代表する面々も列席し、富太郎の偉大さを改めて感じさせるものであった。

富太郎や壽衛が知ったら、さぞかし誇らしかったであろう。

牧野記念庭園には、富太郎が生前、日本国内はもとより海外で自《みずか》ら探し求めたものや、彼の命名植物なども含め、三百種類以上の草木類がのびのびと生育している。

「ねりまの名木」に指定されているヘラノキや、センダイヤザクラの他、コナラ、エゴノキといった武蔵野《むさしの》の雑木林《ぞうきばやし》の面影《おもかげ》を残す植物、もちろん、スエコザサの姿も見られる。

園内には、富太郎の書斎や遺品も当時のままに保管されており、年間二万人ともいわれる見学者が訪れている。

東大泉の自邸に「標品館と植物園を作りたい」という、壽衛の夢であり、壽衛の死後は富太郎の夢でもあった植物園の建設が叶《かな》った。できるなら富太郎は、その目で開園を見届けたかっただろう。そして、壽衛と並んで来園者を出迎えたかっただろう。

残念ながら、それは叶わなかったが——代わりに、スエコザサがいる。富太郎の夢の地・牧野記念庭園では、壽衛の名を冠したスエコザサが、富太郎の胸像や顕彰碑《けんしようひ》の周りに寄り添うように生《は》え育ち、慎《つつ》ましく——でも、少し誇らしげに、訪れる人々を今も迎えてくれている。

あとがき

草木を友に生きた牧野富太郎《まきのとみたろう》。

その波乱に満ちた長い長い一生を描かせて頂いたお礼を伝えたくて、私は富太郎の眠る東京都台東区《たいとうく》谷中《やなか》の天王寺《てんのうじ》墓地を訪れた。令和五年（二〇二三）一月十三日金曜日のことである。

JR日暮里《にっぽり》駅南口を出てすぐの紅葉坂《もみじざか》の急な坂道を上ると、左側に天王寺があり、都立谷中霊園および、天王寺墓地や寛永寺《かんえいじ》谷中霊園が入り組んだ広大な墓域が見える。

富太郎の墓所は、天王寺墓地にある。

そのまま少し進み、「牧野富太郎墓所入口」と記された小さな碑《ひ》が建っている場所から、墓域の中に入った。

だが、富太郎の墓は、なかなか見つけることができず、誰かに訊《き》こうにも通りかかる人もいない。

十数分ほど探し回ったのちに、献体の慰霊のために建てられた東京大学医学部の納骨堂と千人塚の近くで富太郎の墓を見つけた。

「結網學人　牧野富太郎」と彫られた立派な墓であった。今も訪れる人が絶えないのか、墓前には生花が供えられている。たくさんの塔婆《とうば》に隠れて全容は見えないが、墓石の後ろには、植物一筋に生きた富太郎の年譜が刻まれていた。

富太郎の墓の向かって左側には、壽衛《すえ》の墓が寄り添うように建っている。壽衛の墓石の左側面には、富太郎が詠《よ》んだ、

「家守りし妻の恵みや我が学び　世の中のあらむかぎりやすゑ《え》子《こ》笹《ささ》」

の句が刻まれていた。

経済的苦労の絶えなかった壽衛であるが、その人生は幸せだったのだろうか。答えは知るよしもないが、壽衛は夫の長《とこ》しえの感謝を刻んだ墓で、夫と並んで眠っている。

富太郎と壽衛の墓所をあとにすると、若き日の富太郎に植物学教室への出入りを許し、のちにそれを禁じた矢田部《やたべ》良吉《りょうきち》教授の墓所へと向かった。

矢田部の墓所は、富太郎の墓所からは北側に位置する都立谷中霊園の一角にある。富太郎の墓から距離は近いが、事前に調べておかないと少しばかり見つけにく

いかもしれない。

「理學博士矢田部良吉之墓」と刻まれたその墓は、日本の近代植物学を牽引《けんいん》した矢田部にふさわしく、大木を背景に佇《たたず》んでいた。

もし、矢田部が富太郎に植物学教室への出入りを許さなければ、「日本植物学の父・牧野富太郎博士」は誕生しなかったかもしれない。誕生したとしても、だいぶ遅くなったのではないだろうか。

富太郎も、心のどこかで、きっとわかっていただろう。

そんなことを考えながら、偉大な植物学者に、そっと手を合わせた。

谷中霊園には、「博物図」を制作した田中芳男《たなかよしお》と、富太郎を帝国大学理科大学助手に推挙《すいきょ》したとされる、のちの第五代東京帝国大学総長の菊池大麓《きくちだいろく》の墓所もある。

「ああ、これなら淋《さび》しくないだろうな」と私は思った。

壽衛が隣に、憧《あこが》れだった田中や、富太郎を導いてくれた矢田部や菊池も近くにいるのだ。

ましてや谷中霊園一帯は、サクラの名所として有名である。サクラを富太郎はとりわけ愛した。

きっと富太郎は、安らかに眠っているだろう。

帰り際、紅葉坂を下る前に谷中の墓域を振り返ったら、満開のサクラの前で富太郎が菊池や矢田部、田中と語り合い、それを壽衛がそっと見守る――そんな光景が目に浮かんだ。

谷中の墓域をあとにすると、次は東京都練馬《ねりま》区立牧野記念庭園へと向かった。富太郎の住居と庭の跡地である牧野記念庭園は、西武池袋《せいぶいけぶくろ》線の大泉学園《おおいずみがくえん》駅から歩いて五分ほどの住宅街にある。正門の左に「牧野記念庭園」と刻まれた大きな石が置かれているので、見つけやすいはずだ。

正門をくぐると、ダイオウマツの大木の前に置かれた、帽子を片手に持った蝶《ちょう》ネクタイ姿の富太郎のパネルが目に留《と》まる。緑豊かな風景とあいまって、本物の富太郎に出迎えられたような錯覚《さっかく》に陥《おちい》った。

牧野記念庭園は、三百種類以上の草木が生育する植物の楽園であると同時に、富太郎を感じられる場所でもある。

記念館の常設展示室では、富太郎の写真や、彼の生い立ちを綴《つづ》った解説パネル、彼が愛用した胴乱《どうらん》や、剪定《せんてい》バサミなどの植物採集に使った道具が展示されている。本文でも述べた、初の上京で購入したドイツ製の顕微鏡《けんびきょう》もあった。

富太郎が執筆や植物の描画のために籠《こ》もった書斎や、四万五千冊もの蔵書を収めた書庫は、「書屋展示室」として、一部が保存されている。

だが、今回は見ることができなかった。

当時の様子を再現する「書斎再現プロジェクト」が進められており、その展示設営作業のため閉鎖されていたからだ（閉鎖期間：令和五年四月上旬まで）。再現された書斎は、令和五年の春に公開予定だという。

庭園の草木の陰を覗《のぞ》けば、庭にしゃがみこみ、飽きることなく植物を眺《なが》める富太郎と出会えそうな気がした。

園内には、「花在れバこそ吾《わ》れも在り」の歌碑が置かれている。

富太郎は自叙伝で、「草木は私の命でありました。草木があって私が生き、私があって草木も世に知られたものが少くない」と述べている。

富太郎が草木を友としたように、草木もまた富太郎を友としたのだろう。

正門を入って左側には、スエコザサに囲まれた富太郎の胸像がある。

「牧野富太郎博士。貴方《あなた》を知って、今までより草木を愛《いと》しく感じるようになりました。貴方のように、夢を追い続けたくなりました」と胸像に語りかけたら、「ありがとう」とでも言うように、スエコザサがサラサラと風に揺れた。

◎参考文献等

『花と恋して――牧野富太郎伝』上村登　高知新聞社
『牧野富太郎　私は草木の精である』渋谷章　平凡社ライブラリー
『MAKINO』高知新聞社編　北隆館新書
『牧野富太郎通信――知られざる実像』松岡司　トンボ新書
『牧野植物図鑑の謎』俵浩三　平凡社新書
『牧野富太郎と神戸』白岩卓巳　神戸新聞総合出版センター
『牧野富太郎博士からの手紙』武井近三郎　高知新聞総合印刷
『伝説のコレクター 池長孟の蒐集家魂』大山勝男　アテネ出版社
『牧野富太郎――植物博士の人生図鑑』コロナ・ブックス編集部　平凡社
『四国英語教育学会紀要』四国英語教育学会編「牧野富太郎と明治前期の佐川村における英学」村端五郎
『世界的植物学者　松村任三の生涯』長久保片雲　暁印書館
『わが青春の記』金田一春彦　東京新聞出版局
『植物と自然』一九八一年臨時増刊号　ニューサイエンス社

●牧野富太郎著

『牧野富太郎自叙伝』牧野富太郎　講談社学術文庫

『牧野植物随筆』牧野富太郎　講談社学術文庫
『植物知識』牧野富太郎　講談社学術文庫
『わが植物愛の記』牧野富太郎　河出文庫
『植物記』牧野富太郎　ちくま学芸文庫
『植物一日一題』牧野富太郎　ちくま学芸文庫
『花物語──続植物記』牧野富太郎　ちくま学芸文庫
『我が思ひ出　牧野富太郎〈遺稿〉』牧野富太郎　北隆館
『植物一家言』牧野富太郎　北隆館
『新学生版　牧野日本植物図鑑』牧野富太郎／原著　北隆館図鑑編集部／編　北隆館
『牧野富太郎──なぜ花は匂うか』牧野富太郎　平凡社

●図録

『花在れバこそ吾れも在り』練馬区公園緑地課
『牧野富太郎の本』高知県立牧野植物園
『牧野富太郎からの手紙　第一巻』佐川町立青山文庫
『日本植物学の父・牧野富太郎』佐川町立青山文庫
『牧野富太郎とマキシモヴィッチ』高知県立牧野植物園

●パンフレット・小冊子

「牧野記念庭園」（パンフレット）

「花めぐり　牧野公園」（小冊子）

「緒鞭一撻ノート」高知県立牧野植物園

●ジュニア向けの伝記

『牧野富太郎——日本植物学の父』清水洋美／著　里見和彦／イラスト　汐文社

●参考ウェブサイト

高知県立牧野植物園　https://www.makino.or.jp/

牧野記念庭園　http://www.makinoteien.jp/

東京都立大学　牧野標本館　https://www.biol.se.tmu.ac.jp/herbarium/

高萩市教育委員会（松村任三）　https://www.city.takahagi.ibaraki.jp/page/page002921.html

学校法人　玉川学園　（掛図にみる教育の歴史）
https://www.tamagawa.jp/campus/institutions/museum/info/detail_2876.html

須川長之助翁と岩手大学　https://core.ac.uk/download/pdf/144247986.pdf

索引

本書は、書き下ろし作品です。

著者紹介

鷹橋 忍（たかはし しのぶ）

1966年、神奈川県生まれ。速読術を駆使して洋の東西を問わず古代史、中世史の文献を渉猟し、博覧強記を誇る。英雄や偉人の生き様やその最期にとくに関心がある。

著書に、『水軍の活躍がわかる本――村上水軍から九鬼水軍、武田水軍、倭寇…まで』『城の戦国史――どう攻めたか いかに守ったか』『戦国武将の合戦術――勝敗を分けた戦略戦術のすべて！』『滅亡から読みとく日本史――一族が表舞台から消えるとき何が起こったのか？』（以上、KAWADE夢文庫）がある。

ＰＨＰ文庫 牧野富太郎・植物を友として生きる

2023年３月15日 第１版第１刷

著者 鷹橋 忍
発行者 永田貴之
発行所 株式会社ＰＨＰ研究所
東京本部 〒135-8137 江東区豊洲5-6-52
ビジネス・教養出版部 ☎03-3520-9617（編集）
普及部 ☎03-3520-9630（販売）
京都本部 〒601-8411 京都市南区西九条北ノ内町11
PHP INTERFACE https://www.php.co.jp/
組版 有限会社エヴリ・シンク
印刷所 大日本印刷株式会社
製本所 東京美術紙工協業組合

ISBN978-4-569-90299-9

PHP文庫

「カムカムエヴリバディ」の平川唯一

戦後日本をラジオ英語で明るくした人

平川　洌　著

2021年秋から約半年放送された朝ドラのキーパーソン・平川唯一。ラジオ英会話講師として戦後の日本を明るくした人の生涯を活写する。

PHP文庫

50歳からは、好きに生きられる

枡野俊明 著

経験もある50代は少しだけ家族や仕事から解放され、人生の中で最も楽しく輝くとき。自分次第でやり残したこと、夢を叶えられます。

PHP文庫

「幸福」と「不幸」は半分ずつ。

フジコ・ヘミング 著

聴力が不自由になってもピアノを諦めずに努力を続けた奇跡のピアニストが、くよくよせずに幸せに生きるための魂の言葉を紹介する。